A.S. PUSHKIN
BORIS GODUNOV

А.С. ПУШКИН
БОРИС ГОДУНОВ

A.S. PUSHKIN
BORIS GODUNOV

EDITED WITH INTRODUCTION, NOTES
AND VOCABULARY BY
V. TERRAS

RUSSIAN
STUDIES

PUBLISHED BY BRISTOL CLASSICAL PRESS
GENERAL EDITOR: JOHN H. BETTS
RUSSIAN TEXTS SERIES EDITOR: NEIL CORNWELL

This impression 2002

First published in 1965 by Bradda Books Ltd.

This edition, with new bibliography, published in 1995 by
Bristol Classical Press
an imprint of
Gerald Duckworth & Co. Ltd.
61 Frith Street, London W1D 3JL
Tel: 020 7434 4242
Fax: 020 7434 4420
inquiries@duckworth-publishers.co.uk
www.ducknet.co.uk

A catalogue record for this book is available
from the British Library

ISBN 1 85399 467 7

Printed in Great Britain by
Antony Rowe Ltd, Eastbourne

CONTENTS

BORIS GODUNOV

INTRODUCTION

I

Ivan IV ("The Terrible") who reigned 1533—1584 was the first ruler of Muscovy to assume officially the title of Czar (= Caesar). He conducted a series of aggressive wars both in the East, where he destroyed the Khanate of Kazan, and in the West, where he invaded Livonia and the Polish-Lithuanian Commonwealth. Ivan's weak successor Feodor died in 1598 without leaving an heir. Boris Godunov, once a favourite of Ivan's, who had conducted the affairs of the state even under Feodor, became Czar with the consent of both boyars and clergy. A man of peace, he sought to consolidate the gains made by Ivan IV rather than embark upon further military ventures. In spite of the efforts of the ruler, Boris Godunov's reign (1598—1605) witnessed tragic events: crop failures for three successive years (1601—1603) led to a terrible famine, followed by epidemics. Law and order broke down, as bands of desperate peasants looted the countryside and sometimes gave battle to regular troops. In 1604 a young man who claimed to be Dimitry, son of Ivan IV and legal heir to the throne, invaded Muscovy at the head of some 1,500 Cossacks, Polish soldiers of fortune, and other adventurers.

Dimitry was the son of Ivan IV and his last (seventh) wife, Marfa Nagoi. As son of the late Czar's seventh wife — while canonically only three were allowed — his rights to the throne were dubious. Still, when nine-year-old Dimitry met a sudden death in 1591, many Russians failed to believe the official version of this event, as established by a board of inquiry headed by Prince Vasily Shuisky, according to which the boy had injured himself fatally while in an epileptic fit. Contemporaries as well as many later

5

historians concluded that Dimitry had been murdered on orders of Boris Godunov. Today scholars tend to believe that the official version was in fact true, and Godunov innocent.

The man who claimed to be Prince Dimitry, miraculously saved from Godunov's hired assassins, appeared in Lithuania in 1603. He obtained no official recognition from the government of the Commonwealth, but was supported by some Polish magnates, notably Jerzy Mniszech, Palatine of Sandomierz, whose daughter Marianna (Russian Марина) was later to become Czarina. Godunov's efforts to have the Pretender identified as Grigory Otrep'iev, a runaway monk, arrested, and turned over to Muscovite authorities failed.

"False Dimitry" (Лжедимитрий) had some initial successes, but it took an unexpected stroke of luck to save him from almost certain defeat in April 1605: Boris Godunov died, of a sudden illness (there were rumors that he had been poisoned), and now his general, Feodor Basmanov, went over to the side of the Pretender. Boris Godunov's wife and his young son and successor Feodor were deposed and murdered in Moscow, and on June 20, 1605, Dimitry entered the capital in triumph. A little less than a year later, he fell victim to a coup organized by Vasily Shuisky who followed him on the throne.

II

The strange story of "False Dimitry's" rise and fall has understandably attracted not only historiographers but also poets ever since it shocked the contemporaries. One of the better known tragedies of A. P. Sumarokov (1718—1777), the leading dramatist of the classicistic period, is *Дмитрий самозва́нец* (1771). F. Bulgarin's novel *Дмитрий самозва́нец* (1830) also appeared before Pushkin's play. Among later works, A. K. Tolstoi's play *Царь Бори́с* (1870) is perhaps the best known. Abroad, Friedrich Schiller, Germany's greatest dramatic poet, was working on what promised to become a great tragedy, *Demetrius*, when he died in 1805. Friedrich Hebbel's drama *Demetrius* also remained unfinished. There are several other treatments of this theme by lesser authors.

Ample historical sources, Russian as well as foreign, were available to Pushkin. Of the foreign sources, he studied (or may have studied) the following at the library of his superior in Odessa, Count Mikhail Semionovich Voroncov, in 1824:

Grevenbruch's *Tragoedia Moscovitica sive de vita et morte Demetrii, qui nuper apud Ruthenos imperium tenuit, narratio*. Coloniae, 1608.

Jacques Lacombe's (1724—1811) *Histoire des revolutions de l'empire de Russie*. Amsterdam, aux depens de la Compagnie, 1760.

Margeret's *Estat de l'Empire de Russie et grand Duché de Moscovie avec ce qui s'y est passé de plus memorable et tragique, pendant le regne de quatre Empereurs: à sçavoir depuis l'an 1590 iusques en l'an 1606 en Septembre*. Paris, 1607 (reprinted 1669).

Neé de la Rochelle's *Le Czar Demetrius, histoire Moscovite*. Paris, 1714 (reprinted: à la Haye, 1715 & 1716, 2 vols).

There exist several reports by English eyewitnesses, but these Pushkin does not seem to have read. However, the historian Karamzin, who was the poet's main source, had considered these also. The best known of them is:

William Russell's *The reporte of a bloudie and terrible massacre in the citty of Mosco, with the fearefull and tragicall end of Demetrius the last duke, before him raigning at this present*. London, printed by V. Sims, for S. Macham and M. Cooke, 1607.

Some of the Russian sources on the "time of troubles" (смутное время) are:

The anonymous *Иное сказание* of 1606.

The Life (житиé) of Czar Feodor Ioannovich, written by Job (Iov), first Patriarch of Russia.

Словеса́ дней царей и святителей моско́вских [Homilies on the days of the czars and prelates of Muscovy], by Prince Ivan Andreevich Khvorostinin (d. 1625).

Исто́рия в па́мять предыду́щим ро́дом [History for coming generations to remember], by Avraamy Palicyn (d. 1625).

По́весть от пре́жних лет о нача́ле ца́рствующего гра́да Москвы́ [Report from bygone years about the origins of the capital city of Moscow], ascribed by many scholars to Prince Ivan Mikhailovich Katyriov-Rostovsky (d. 1640).

Пóвесть известносказýема на пáмять великомýченика, благовéрного царéвича Димúтрия и о убиéнии егó [Veracious report to the memory of the grand martyr, orthodox Prince Dimitry, and his assassination], by Prince Semion Ivanovich Shakhovskoi (d. 1653).

Врéменник по седьмóй тьíсящи от сотворéния свéта во осмóй в пéрвые летá [Annals from the seventh millennium since creation until the first years of the eighth], by Ivan Timofeev (d. about 1629).

The work ascribed to Prince Katyriov-Rostovsky is of particular interest to the poet since it gives personal descriptions of the leading personages of the great drama: Ivan IV, Feodor, Boris Godunov, Feodor and Xenia Godunov, "False Dimitry", and Vasily Shuisky. Here are the passages on the two protagonists:

"Czar Boris, by the flower of his good looks and by his personal appearance, surpassed most men, although he was of no more than average stature. A most wondrous man, of great faculty of reasoning and eloquence, pious and charitable, a great builder and most solicitous about the welfare of his country, the author of many wonderful deeds. He had, however, one vice that alienated him from the Lord: a love for soothsayers, insatiable lust for power, and the audacity to plot the murder of his sovereign: whence he took the punishment he deserved."

"The unfrocked monk ["False Dimitry"] was of small stature, but broadchested and muscular. His facial features were not those of a man of princely blood, but altogether plain, and his whole body was quite swarthy. Yet he was clever, and well versed in book learning, bold, and a glib talker. He had a passion for horsemanship, was a daring leader in battle, courageous and strong, a great lover of the military."

Godunov's children, Feodor and Xenia, are described as adolescents of wonderful, touching beauty, extraordinary mental faculties, and great virtue. Vasily Shuisky is a little, shortsighted man; clever, avaricious, scheming.

Pushkin was fortunate in that he had at his disposal N. M. Karamzin's capital work *Истóрия госудáрства россúйского* (12 vols.), the 10th and 11th volumes of which (covering the period from 1598 to 1606) had appeared in 1824. In Karamzin's work the sources mentioned above, and many others, have been consolidated into a highly dramatic account of the rise and fall of both Godunov and his antagonist. Karamzin is a historian in the tradition of Tacitus: while he pretends to be writing *sine ira et studio*, he tends to give a moral interpretation to the historical events described. He believed in Boris Godunov's guilt and saw in his fate (or rather, in that of his family) a manifestation of divine justice. Pushkin, who uncritically accepted this conception of the historian, also retained Karamzin's melodramatic and often rhetorical treatment of the theme of expiation.

It must be emphasized that Pushkin's play follows Karamzin extremely closely, down to minute details. For an exact, scene-by-scene collation of *Boris Godunov* with Karamzin's work, see Andrei Filonov, *Борис Годунóв А. С. Пýшкина: Опыт разбóра со сторонú историческóй и эстетúческой* (St. Petersburg: Glazunov, 1899).

III

In the 1820's the Russian theatre, at least as far as the tragedy was concerned, was going through a period of stagnation. The classicistic "court" drama in the style of Racine, Corneille, and Voltaire, whose principal exponents in Russia were Sumarokov, Kniazhnin, and Nikolev (none of them a playwright of truly great stature), had outlived its age. The tragedies of V. A. Ozerov (1769—1816), a classicist who made some concessions to sentimentalism, still held the stage. The young generation of theatregoers (Pushkin was an enthusiastic one) were eager to respond to the new movement then underway in the West. This movement (often referred to as the "romantic movement") stood for the replacement of the old "classicistic" dramatic canon by a new, "Shakespearean" conception of the drama. In Germany, where Shakespeare had been much admired even in the 18th century, the romantic movement made him the most beloved playwright of the German scene. A. W. v. Schlegel's masterful translations of his plays were helpful here, as were his

9

and his brother Friedrich v. Schlegel's theoretical articles on the romantic, viz. Shakespearean drama.

The Schlegel brothers wrote some of their works in French, and Mme. de Staël's famous work *De l'Allemagne* (2nd ed. 1813—an earlier edition had been confiscated by Napoleon's censorship) made wide circles of the French public familiar with their ideas. Guizot's study *Shakspeare et son temps*, which appeared in 1821, at the head of a complete edition of Shakespeare's works in French, was also important. The ultimate victory of the romantic drama in France came after Pushkin had written *Boris Godunov*. Victor Hugo's *Cromwell*, with its famous preface, came out in 1827.

Pushkin, who always followed French literature closely, was thoroughly familiar with these developments. He also knew his Shakespeare well. He read him in English, even though he could not pronounce English correctly, as we are told by a contemporary.

Pushkin's innovations, introduced into Russian dramatic literature through *Boris Godunov*, are all connected with Shakespeare and the romantic drama. In the use of Shakespearean blank verse (instead of the traditional rhymed Alexandrine) Pushkin was preceded by V. Zhukovsky's translation (1821) of Schiller's romantic tragedy *Die Jungfrau von Orleans*. But the insertion of prose dialogue was new in Russian tragedy.

The mixture of grave, sometimes melodramatic pathos with uninhibited, folksy humor is "romantic" as much as it is Shakespearean. It is motivated by the romantic conception of humor as an advanced, if not the most advanced form of poetic vision and its compatibility, nay, its affinity with the tragic. It is a flagrant violation of the classical principle:

Versibus exponi tragicis res comica non volt.

(Horace, *De arte poëtica*, 1. 89)

The introduction of individualized representatives of the "plain people," speaking the undiluted vernacular (and worse), was another gross violation of the classical dramatic canon. This trait many contemporaries found intolerable.

The structure of the tragedy plays havoc with the classical "unities": the scene changes twenty three times, and the time stretches out over a space of seven years, from 1598 to 1605. There could even be a question as to the unity of action, for there are times when Dimitry and not Godunov seems to be the hero of the play, and the two protagonists certainly are not pitted against one another. *Boris Godunov* is a typical chronicle-play, strongly reminiscent of Shakespeare's historical plays.

What is the basic idea behind these innovations? Obviously they are all aimed at bringing drama closer to life, "real life" as the romantic poet saw it. The romantic poet's image of life is colorful, dynamic, mysterious, unpredictable, and ironic.

In a letter to his friend N. N. Raevsky (January 30, 1829) Pushkin had this to say about his play:

"Following Shakespeare's example, I limited myself to a presentation of the epoch and of historical personages, refusing to pursue stage effects, romantic pathos, etc. Its style is mixed. It is vulgar and low when I had to develop coarse and vulgar characters."

In other statements about *Boris Godunov*, Pushkin also emphasizes that the reason for his joining Shakespeare against the classicistic dramatic canon was that the latter put too much of unnatural restraint on free poetic presentation of reality. *"Vraisemblance* of situations and truthfulness of dialogue—these are the true rules of tragedy," he says in the same letter. This conception, incidentally, justifies the retention of such old dramatic conventions as the monologue and the aside.

With all these innovations in the dramatic form, *Boris Godunov* retains some important classicistic traits. Russia's leading romantic critic N. A. Polevoi (1796—1846) pointed out (in an essay published in 1833) that Pushkin had made a mistake when he took the image of his hero straight from Karamzin who, without sufficient historical evidence, considered Godunov guilty of Dimitry's murder and saw in the downfall of the Godunovs (and even the horrible death of young Feodor Godunov) an act of divine justice. Polevoi suggested that the desperate struggle of an honest man against an accusation which threatens to doom him, his family, his life's work, his very image in all posterity, would have made for a much more profound dramatic conflict. "Instead of seeing in Godunov's fate the terrible struggle of a man against destiny, we see only the preparations for his execution, hear only the groans of a dying criminal," said Polevoi.

Polevoi was certainly right. Karamzin, a child of the 18th century, had seen the tragedy of Boris Godunov with the eyes of the classicist: he completely lacked the romantic sense for the ambiguity, nay, the irony of history. Pushkin followed Karamzin's lead and made his Godunov a classicistic hero, and the tragedy of his hero a rather conventional tragedy of expiation.

IV

Beginning already with Belinsky, Russian critics have pointed out the important role played in *Boris Godunov* by the people (наро́д). Belinsky said that "in Godunov, [the ruler's] love for the people was not something he felt, but something he had reasoned out; therefore it smacked of hypocrisy, flattery, and condescension; which is why the people were never fooled by it, but responded to it by hatred." Thus, Godunov's tragedy would have been that of the rootlessness of the *parvenu*. It is true that Pushkin repeatedly underscores the fact that the Pretender wins against formidable odds because the people are on his side, and because he is of and for the people. But then he is — certainly in Pushkin's version — a fraud, albeit a lovable one, and his fate at the hands of the same people who had carried him to the throne cannot be dismissed from the mind, even though it is only hinted at in the play itself (Grigory's dream). Thus, it is difficult to conceive of the Pretender as of a truly popular hero.

As to the people themselves, as we see them on stage, and as Godunov, Shuisky, Basmanov, and other leaders see them from their lofty vantage point, they are changeable, foolish, unruly, and thankless. If "the people" are indeed to be considered the hero of Pushkin's play, as has been suggested by many Russian critics, "antihero" might be a more suitable expression. However, the fact stands that the popular and the mass scenes are among the best of the play.

V

Pushkin completed *Boris Godunov* on November 7, 1825, when still at Mikhailovskoie. In 1826 he read it to the young literary circles of Moscow, with tremendous success. He was hailed by many as the would-be Russian Shakespeare. However, the Czar (who in the meantime had appointed himself Pushkin's personal censor), while not formally refusing to allow the play to be published or staged, suggested that it be redone into a historical novel "after the fashion of Sir Walter Scott." The Czar also felt that some passages which to him sounded like subtle allusions to contemporary affairs ought to be removed. Pushkin replied that a few apparent coincidences between his play and "certain recent events" (the Decembrist revolt, increased activity of the Secret Police?) were quite unintentional.

The tragedy was finally published in 1831 and had a generally favorable reception (far from the enthusiasm of 1826, however: times had changed that much). *Boris Godunov* never has become a successful stage drama, except in Musorgsky's operatic version. The reason for such partial failure may have been recognized by the Russian critic M. N. Katkov (1818—1887) who said that "Pushkin's talent lay in the depiction of distinct states of the human soul, of specific situations of human life; he was able to reproduce the movements of the human heart in the entire fullness of life and of truth, and he could also capture the basic mood of a moment as well as express it perfectly; but his talent did not include the ability to grasp the continuity between these situations, the faculty to develop one moment from the other." In other words, Pushkin's genius was not of the "dramatic" type.

BIBLIOGRAPHY

Pushkin's Works

Polnoe sobranie sochinenii. 17 vols. AN SSSR, 1937-59.

Translations

The Poems, Prose and Plays of Pushkin. Ed. Avrahm Yarmolinsky. (New York, 1936). [Includes *Boris Godunov*].

Pushkin's Life and Works

Blagoi, D. , *Masterstvo Pushkina.* Moscow: Sovetskii pisatel' (1955).
Briggs, A.D. , *Alexander Pushkin: A Critical Study.* (Croom Helm, London & Canberra, 1983; reprinted Bristol Classical Press, 1991).
Grossman, Leonid, *Pushkin.* (Molodaia gvardiia, Moscow 1960).
Magarshack, David, *Pushkin: A biography* (Grove Press, New York, 1967).
Slonimskii, A.,. *Masterstvo Pushkina,* 2nd ed. (Khudozhestvennaia literatura, Moscow, 1963).

Pushkin and the Drama

Fel'dman, D., *Sud'ba dramaturgii Pushkina* (Iskusstvo, Moscov, 1975).
Gorodetskii, B.P., *Dramaturgiia Pushkina* (AN SSSR, Moscow & Leningrad 1953).
Pomar, Mark G., 'The Question of Dramatic Form in Pushkin's *Boris Godunov*', *Canadian-American Slavic Studies* 16 (1982) 63-72.
Rogachevskii, A.B., 'K voprosu o stsenichnosti *Borisa Godunova* A.S. Pushkina', *Filologicheskie nauki* 1(1989) 14-19.
Rassadin, Stanislav, *Dramaturg Pushkin* (Iskusstvo, Moscow, 1977).

Historical and Comparative Background of Boris Godunov

Emerson, Caryl, 'Pretenders to History: Four Plays for Undoing Pushkin's *Boris Godunov*', *Slavic Review* 44 (1985) 257-79. [Discusses plays by A.S. Khomiakov, M. E. Lobanov and A. K. Tolstoi].
Gurevich A.M., 'Istoriia i sovremennost' v *Borise Godunove*', *Izvestiia Akademii Nauk*, 43 (1984) 204-14.

Mocha, Frank, 'Polish and. Russian Sources of *Boris Godunov*', *Polish Review*, 25, ii, 45-51.

Orlov, P. A., 'Tragediia Pushkina *Boris Godunov* i *Istoriia Gosudarstva Rossiiskogo* Karamzina', *Filologicheskie nauki* 6 (1981) 3-10.

Bayley, John, *Pushkin: A Comparative Commentary* (Cambridge University Press, 1971). [The drama, pp. 165-235].

Parsons, Neil S., 'A Hostage to Art: The Portraits of Boris Godunov by Pushkin and A.K. Tolstoy', *Forum for Modern Language Studies*, 16 (1980) 237-55.

Shaw, J. Thomas, "Romeo and Juliet, Local Color, and 'Mniszek's Sonnet' in *Boris Godunov*", *Slavic and East European Journal* 35 (1991) 1-35.

Vickery, W.N., *Alexander Pushkin*, Rev. edn. (Twayne Publishers, New York, 1992).

Analysis of Boris Godunov

Balashov, N.I., '*Boris Godunov*, Pushkina: Osnovy dramaticheskoi struktury', *Izvestiia Akademii Nauk* 39 (1980) 205-18.

Brody, Ervin C., 'Pushkin's *Boris Godunov*: The First Modern Russian Historical Drama', *Modern Language Review* 72 (1977) 857-75.

Mikkelson, Gerald E., "The 'narod' as a Dramatis Persona in Pushkin's *Boris Godunov*", in Jane G. Harris, ed. *American Contributions to the Tenth International Congress of Slavists (Sofia, September 1988)* (Slavica, Columbus, Ohio, 1988) 273-82.

Moss, Kevin, 'The Last Word in Fiction: On Significant Lies in *Boris Godunov*', *Slavic and East European Journal* 32 (1988) 187-97.

Sandler, Stephanie, 'Solitude and Soliloquy in *Boris Godunov*', in David M. Bethea, ed. *Puškin Today* (Indiana University Press, Bloomington, Ind.,1993) 176-84.

Shaw, J. Thomas, 'Varlaam's Rhyming in Puškin's *Boris Godunov*', *Slavic and East European Journal* 32 (1988) 546-61.

Pushkin and Mussorgsky

Emerson, Caryl, *Boris Godunov: Transpositions on a Russian Theme* (Indiana University Press, Bloomington, Ind., 1986).

Maloff, Nicholas, 'Musorgsky's *Boris Godunov*: Pushkin's Drama Resurrected', *Canadian Slavonic Papers* 19 (1977) 1-15.

БОРИС ГОДУНОВ

ДРАГОЦЕННОЙ ДЛЯ РОССИЯН
ПАМЯТИ
НИКОЛАЯ МИХАЙЛОВИЧА
КАРАМЗИНА[а]

*сей труд, гением его вдохновенный,
с благоговением и благодарностию
посвящает*
АЛЕКСАНДР ПУШКИН

Кремлёвские палáты

(1598 гóда, 20 февраля.)

К. язья Шуйский и Воротынский

Воротынский

Наряжены́ мы вмéсте гóрод вéдать,
Но. кáжется, нам не за кем смотрéть:
Москвá пустá; вослéд за патриáрхом
К монастырю̀ пошёл, и весь нарóд.
Как дýмаешь, чем кóнчится тревóга?

Шуйский

Чем кóнчится? Узнáть не мудренó:
Нарóд ещё повóет, да поплáчет,
Борѝс ещё помóрщится немнóго,
Что пьяница пред чáркою винá,
И наконéц по мѝлости своéй
Принять венéц смирéнно согласѝтся;
А там — а там он бýдет нáми прáвить
По прéжнему.

Воротынский

Но мéсяц уж протёк,
Как, затворя̀сь в монастырé с сестрóю,[b]
Он кáжется покѝнул всё мирскóе.
Ни патриáрх, ни дýмные боя̀ре
Склонѝть егó досéле не моглѝ;
Не внéмлет он ни слёзным увещáньям,
Ни их мольбáм, ни вóплю всей Москвы̀,
Ни гóлосу Велѝкого Собóра.

17

Его сестру́ напра́сно умоля́ли
Благослови́ть Бори́са на держа́ву;
Печа́льная мона́хиня-цари́ца,
Как он тверда́, как он неумоли́ма.
Знать сам Бори́с сей дух в неё всели́л;
Что е́жели Прави́тель[c] в са́мом де́ле
Держа́вными забо́тами наску́чил
И на престо́л безвла́стный не взойдёт?
Что ска́жешь ты?

Шу́йский

Скажу́, что понапра́сну
Лила́ся[1] кровь царе́вича-младе́нца;
Что е́сли так, Дими́трий мог бы жить.

Вороты́нский

Ужа́сное злоде́йство! По́лно, то́чно ль
Царе́вича сгуби́л Бори́с?

Шу́йский

А кто же?
Кто подкупа́л напра́сно Чепчуго́ва?[d]
Кто подосла́л обо́их Битяго́вских
С Кача́ловым?[e] Я в У́глич по́слан был
Иссле́довать на ме́сте э́то де́ло:
Нае́хал я на све́жие следы́;
Весь го́род был свиде́тель злодея́нья;
Все гра́ждане согла́сно показа́ли;
И возвратя́сь я мог еди́ным сло́вом
Изобличи́ть сокры́того злоде́я.

Вороты́нский

Заче́м же ты его́ не уничто́жил?

Шу́йский

Он, признаю́сь, тогда́ меня́ смути́л
Споко́йствием, бессты́дностью нежда́ной,

18

Он мне в глазá смотрéл, как бýдто прáвый:
Расспрáшивал, в подрóбности входúл —
И пéред ним я повторúл нелéпость,
Котóрую мне сам он нашептáл.

            В о р о т ы́ н с к и й
Нечúсто, князь.

            Ш ý й с к и й
            А что мне бы́ло дéлать?
Всё объявúть Феóдору? Но царь
На всё глядéл очáми Годунóва,
Всемý внимáл ушáми Годунóва:
Пускáй егó б увéрил я во всём;
Борúс тотчáс егó бы разувéрил,
А там меня́ ж сослáли б в заточéнье,(f)
Да в дóбрый час, как дя́дю моегó, (g)
В глухóй тюрьмé тихóнько б задавúли.
Не хвáстаюсь, а в слýчае конéчно
Никáя кáзнь меня́ не устрашúт,
Я сам не трус, но тáкже не глупéц
И в пéтлю лезть не соглашýся дáром.

            В о р о т ы́ н с к и й
Ужáсное злодéйство! Слýшай, вéрно
Губúтеля раскáянье тревóжит:
Конéчно кровь невúнного младéнца
Емý ступúть мешáет на престóл.

            Ш ý й с к и й
Перешагнёт; Борúс не тáк-то рóбок!
Какáя честь для нас, для всей Русú!
Вчерáшний раб, татáрин, зять Малю́ты,(h)
Зять палачá и сам в душé палáч,
Возьмёт венéц и бáрмы Мономáха...(i)

            В о р о т ы́ н с к и й
Так, рóдом он незнáтен; мы знатнéе.

19

Шуйский

Да, кажется.

Воротынский

                Ведь Шуйский, Воротынский...
Легко сказать, природные князья.

Шуйский

Природные, и Рюриковой крови.[j]

Воротынский

А слушай, князь, ведь мы б имели право
Наследовать Феодору.

Шуйский

                Да, боле,
Чем Годунов.

Воротынский

Ведь в самом деле!

Шуйский

                Что, ж?
Когда Борис хитрить не перестанет,
Давай народ искусно волновать,
Пускай они оставят Годунова,
Своих князей у них довольно, пусть
Себе в цари любого изберут.

Воротынский

Не мало нас наследников Варяга,[k]
Да трудно нам тягаться с Годуновым:
Народ отвык в нас видеть древню отрасль[2]
Воинственных властителей своих.
Уже давно лишились мы уделов,[l]
Давно царям подручниками служим,
А он умел и страхом и любовью
И славою народ очаровать.

20

Шу́йский *(гляди́т в окно́)*

Он смел, вот всё — а мы... Но по́лно. Ви́дишь,
Наро́д идёт, рассы́павшись, наза́д —
Пойдём скоре́й узна́ем, решено́ ли.

Красная площадь

Народ

Один

Неумолим! Он от себя прогнал
Святителей, бояр и патриарха.
Они пред ним напрасно пали ниц;
Его страшит сияние престола.

Другой

О Боже мой, кто будет нами править?
О горе нам!

Третий

Да вот верховный дьяк
Выходит нам сказать решенье Думы.

Народ

Молчать! молчать! дьяк думный говорит;
Ш-ш — слушайте!

Щелкалов *(с Красного Крыльца)*

Собором положили
В последний раз отведать силу просьбы
Над скорбною Правителя душой.[3]
Заутра вновь святейший патриарх,
В Кремле отпев торжественно молебен,
Предшествуем хоругвями святыми,
С иконами Владимирской, Донской,[m]
Воздвижется; а с ним синклит, бояре,
Да сонм дворян, да выборные люди

И весь народ московский православный,
Мы все пойдём молить царицу вновь,[n]
Да сжалится над сирою Москвою
И на венец благословит Бориса.
Идите же вы с Богом по домам,
Молитеся[4] — да взыдет к небесам
Усердная молитва православных.

(Народ расходится.)

Девичье поле. Новодевичий монастырь^(о)

Народ.

Один

Тепéрь онú пошлú к царúце в кéлью,
Тудá вошлú Борúс и патриáрх
С толпóй боя́р.

Другóй

Что слы́шно?

Трéтий

Всё ещё
Упря́мится; однáко есть надéжда.

Бáба *(с ребёнком)*

Агý! не плачь, не плачь; вот бýка, бýка
Тебя́ возьмёт! агý, агý!... не плачь!

Одúн

Нельзя́ ли нам пробрáться за огрáду?

Другóй

Нельзя́. Куды́!⁵ и в пóле дáже тéсно,
Не тóлько там. Легкó ли? Вся Москвá
Сперлáся здесь; смотрú: огрáда, крóвли,
Все я́русы собóрной колокóльни,
Главы́ церквéй и сáмые кресты́
Унúзаны нарóдом.

Пéрвый

Прáво любо!

О д и́ н

Что там за шум?

Д р у г о́ й

Послу́шай! что за шум?

Наро́д завы́л, там па́дают, что во́лны,
За ря́дом ряд... ещё... ещё... Ну, брат,
Дошло́ до нас; скоре́е! на коле́ни!

Н а р о́ д (на коле́нах. Вой и плач)

Ах, сми́луйся, отец наш! вла́ствуй на́ми!
Будь наш оте́ц, наш царь!

О д и́ н (ти́хо)

О чём там пла́чут?

Д р у г о́ й

А как нам знать? то ве́дают боя́ре,
Не нам чета́.

Б а́ б а (с ребёнком)

Ну, что ж? как на́до пла́кать,

Так и зати́х![6] вот я тебя́![7] вот бу́ка!
Плачь, ба́ловень!
(Броса́ет его́ об земь. Ребёнок пищи́т.)[р]
Ну, то́-то же.

О д и́ н

Все пла́чут,

Запла́чем, брат, и мы.

Д р у г о́ й

Я си́люсь, брат,

Да не могу́.

П е́ р в ы й

Я та́кже. Нет ли лу́ку?[8]

Потрём глаза́.

25

Второй

Нет, я слюней[9] помажу.
Что там ещё?

Первый

Да кто их разберёт?

Народ

Венец за ним![10] он царь! он согласился!
Борис наш царь! да здравствует Борис!

Кремлёвские палаты

palace

Б о р и с, п а т р и а р х, б о я р е.

Бори́с

Ты, о́тче патриа́рх, вы все, боя́ре,
Обнажена́ моя́ душа́ пред ва́ми:
Вы ви́дели, что я прие́млю власть
Вели́кую со стра́хом и смире́ньем.
Сколь тяжела́ обя́занность моя́!
Насле́дую могу́щим Иоа́ннам —(q)
Насле́дую и а́нгелу-царю́!...
О пра́ведник! о мой оте́ц держа́вный!
Воззри́ с небе́с на слёзы ве́рных слуг
И ниспошли́ тому́, кого́ люби́л ты,
Кого́ ты здесь столь ди́вно возвели́чил,
Свяще́нное на власть благослове́нье: 11
Да пра́влю я во сла́ве свой наро́д,
Да бу́ду благ и пра́веден, как ты.
От вас я жду соде́йствия, боя́ре.
Служи́те мне, как вы ему́ служи́ли,
Когда́ труды́ я ва́ши разделя́л,
Не и́збранный ещё наро́дной во́лей.

Боя́ре

Не измени́м прися́ге, на́ми да́нной.

Бори́с

Тепе́рь пойдём, покло́нимся гроба́м
Почи́ющих власти́телей Росси́и —
А там, сзыва́ть весь наш наро́д на пир,

Всех, от вельмо́ж до ни́щего слепца́;
Всем во́льный вход, все го́сти дороги́е.
(Ухо́дит, за ним и боя́ре.)

Вороты́нский *(остана́вливая Шу́йского)*
Ты угада́л.

Шу́йский

А что?

Вороты́нский
Да здесь, наме́дни,
Ты по́мнишь?

Шу́йский

Нет, не по́мню ничего́.

Вороты́нский
Когда́ наро́д ходи́л в Деви́чье по́ле,
Ты говори́л...

Шу́йский

Тепе́рь не вре́мя по́мнить,
Сове́тую поро́й и забыва́ть.
А впро́чем я злосло́вием притво́рным
Тогда́ жела́л тебя́ лишь испыта́ть,
Верне́й узна́ть твой та́йный о́браз мы́слей;
Но вот — наро́д приве́тствует царя́ —
Отсу́тствие моё заме́тить мо́гут —
Иду́ за ним.

Вороты́нский
Лука́вый царедво́рец!

MARINA MNISZECH

Ночь. Келья в Чудовом монастыре[г]

(1603 года.)

Отец Пимен, Григорий спящий.

Пимен *(пишет перед лампадой)*

Ещё одно, последнее сказанье —
И летопись окончена моя,
Исполнен долг, завещанный от Бога
Мне, грешному. Недаром многих лет
Свидетелем Господь меня поставил
И книжному искусству вразумил;
Когда-нибудь монах трудолюбивый
Найдёт мой труд усердный, безымянный,
Засветит он, как я, свою лампаду —
И, пыль веков от хартий отряхнув,
Правдивые сказанья перепишет,
Да ведают потомки православных
Земли родной минувшую судьбу,
Своих царей великих поминают
За их труды, за славу, за добро —
А за грехи, за тёмные деянья,
Спасителя смиренно умоляют.

На старости я сызнова живу,
Минувшее проходит предо мною —
Давно ль оно неслось событий полно,
Волнуяся, как море-окиян?[12]
Теперь оно безмолвно и спокойно,
Немного лиц мне память сохранила,
Немного слов доходят до меня,
А прочее погибло невозвратно...

Но близок день, лампада догорает —
Ещё одно, последнее сказанье. *(Пишет.)*

                    Григорий *(пробуждается)*
Всё тот же сон! возможно ль? в третий раз!
Проклятый сон!.. А всё перед лампадой
Старик сидит, да пишет — и дремотой
Знать во всю ночь он не смыкал очей.
Как я люблю его спокойный вид,
Когда, душой в минувшем погружённый,
Он летопись свою ведёт; и часто
Я угадать хотел, о чём он пишет?
О тёмном ли владычестве татар?
О казнях ли свирепых Иоанна?
О бурном ли новгородском вече?[(8)]
О славе ли отечества? напрасно.
Ни на челе высоком, ни во взорах
Нельзя прочесть его сокрытых дум;
Всё тот же вид смиренный, величавый.
Так точно дьяк в приказах поседелый
Спокойно зрит на правых и виновных,
Добру и злу внимая равнодушно,
Не ведая ни жалости, ни гнева.

                    Пимен
Проснулся, брат.

                    Григорий
                Благослови меня,
Честный отец.

                    Пимен
                Благослови, Господь,
Тебя и днесь и присно и во веки.[13]

                    Григорий
Ты всё писал и сном не позабылся,
А мой покой бесовское мечтанье

Тревожило, и враг меня мутил.
Мне снилося, что лестница крутая
Меня вела на башню; с высоты
Мне виделась Москва, что муравейник;
Внизу народ на площади кипел
И на меня указывал со смехом,
И стыдно мне и страшно становилось —
И, падая стремглав, я пробуждался...
И три раза[14] мне снился тот же сон.
Не чудно ли?

Пимен

      Младая кровь играет;
Смиряй себя молитвой и постом,
И сны твои видений лёгких будут
Исполнены.[15] Доныне — если я,
Невольною дремотой обессилен,
Не сотворю молитвы долгой к ночи —
Мой старый сон не тих и не безгрешен,
Мне чудятся то шумные пиры,
То ратный стан, то схватки боевые,
Безумные потехи юных лет!

Григорий

Как весело провёл свою ты младость!
Ты воевал под башнями Казани,[(t)]
Ты рать Литвы при Шуйском отражал,[(u)]
Ты видел двор и роскошь[16] Иоанна!
Счастлив! а я от отроческих лет
По кельям скитаюсь, бедный инок!
Зачем и мне не тешиться в боях,
Не пировать за царскою трапезой?
Успел бы я, как ты, на старость лет
От суеты, от мира отложиться,
Произнести монашества обет
И в тихую обитель затвориться.[17]

Пимен

Не сетуй, брат, что рано грешный свет
Покинул ты, что мало искушений
Послал тебе Всевышний. Верь ты мне:
Нас издали пленяет слава, роскошь
И женская лукавая любовь.
Я долго жил и многим насладился;
Но с той поры лишь ведаю блаженство,
Как в монастырь Господь меня привёл.
Подумай, сын, ты о царях великих.
Кто выше их? единый Бог. Кто смеет
Противу их? никто. А что же? Часто
Златый венец тяжёл им становился:
Они его меняли на клобук.
Царь Иоанн искал успокоенья
В подобии монашеских трудов.[18]
Его дворец, любимцев гордых полный,
Монастыря вид новый принимал:
Кромешники в тафьях и власяницах
Послушными являлись чернецами,
А грозный царь игумном богомольным.
Я видел здесь — вот в этой самой келье
(В ней жил тогда Кирилл многострадальный,
Муж праведный. Тогда уж и меня
Сподобил Бог уразуметь ничтожность
Мирских сует), здесь видел я царя,
Усталого от гневных дум и казней.
Задумчив, тих сидел меж нами Грозный,
Мы перед ним недвижимо стояли
И тихо он беседу с нами вёл.
Он говорил игумну и всей братьи:
,,Отцы мои, желанный день придёт,
Предстану здесь алкающий спасенья.
Ты, Никодим, ты, Сергий, ты, Кирилл,
Вы все — обет примите мой духовный:
Прииду к вам преступник окаянный

И схи́му здесь честну́ю восприму́,
К стопа́м твои́м, святы́й оте́ц, припа́дши".
Так говори́л держа́вный госуда́рь,
И сла́дко речь из уст его́ лила́ся —
И пла́кал он. А мы в слеза́х моли́лись,
Да ниспошлёт Госпо́дь любо́вь и мир
Его́ душе́ страда́ющей и бу́рной.
А сын его́ Феóдор? На престо́ле
Он воздыха́л о ми́рном житий
Молча́льника. Он ца́рские черто́ги
Преобрати́л в моли́твенную ке́лью;
Там тя́жкие, держа́вные печа́ли
Свято́й души́ его́ не возмуща́ли.
Бог возлюби́л смире́ние царя́
И Русь при нём во сла́ве безмяте́жной
Уте́шилась — а в час его́ кончи́ны
Сверши́лося неслы́ханное чу́до;
К его́ одру́, царю́ еди́ну зри́мый,
Яви́лся муж необыча́йно све́тел,[19]
И на́чал с ним бесе́довать Феóдор
И называ́ть вели́ким патриа́рхом.
И все круго́м объя́ты бы́ли стра́хом,
Уразуме́в небе́сное виде́нье,
Зане́ святы́й влады́ка пред царём
Во хра́мине тогда́ не находи́лся.
Когда́ же он преста́вился, пала́ты
Испо́лнились святы́м благоуха́ньем
И лик его́ как со́лнце просия́л —
Уж не вида́ть тако́го нам царя́.[20]
О стра́шное, неви́данное го́ре!
Прогне́вали мы Бо́га, согреши́ли:
Влады́кою себе́ цареуби́йцу
Мы нарекли́.

Григо́рий

Давно́, честны́й оте́ц,
Хоте́лось мне тебя́ спроси́ть о сме́рти
Дими́трия царе́вича; в то вре́мя
Ты, говоря́т, был в У́гличе.

Пи́мен

Ох, по́мню!
Привёл меня́ Бог ви́деть зло́е де́ло,
Крова́вый грех. Тогда́ я в да́льний У́глич[v]
На не́кое был у́слан послуша́нье,[21]
Пришёл я в ночь. На у́тро в час обе́дни
Вдруг слы́шу звон, уда́рили в наба́т,
Крик, шум. Бегу́т на двор цари́цы. Я
Спешу́ туда́ ж — а там уже́ весь го́род.
Гляжу́: лежи́т заре́занный царе́вич;
Цари́ца мать в беспа́мятстве над ним,
Корми́лица в отча́яньи рыда́ет,
А тут наро́д остервеня́сь воло́чит
Безбо́жную преда́тельницу-ма́мку...[w]
Вдруг ме́жду их, свире́п, от зло́сти бле́ден,
Явля́ется Иу́да Битяго́вский.
,,Вот, вот злоде́й!'' разда́лся о́бщий вопль,
И вмиг его́ не ста́ло.[22] Тут наро́д
Вслед бро́сился бежа́вшим трём уби́йцам;
Укры́вшихся злоде́ев захвати́ли
И привели́ пред тёплый труп младе́нца,
И чу́до — вдруг мертве́ц затрепета́л —
,,Пока́йтеся!'' наро́д им завопи́л:
И в у́жасе под топоро́м злоде́и
Пока́ялись — и на́звали Бори́са.

Григо́рий

Каки́х был лет царе́вич уби́енный?

Пимен

Да лет семи́; ему́ бы ны́не бы́ло —
(Тому́ прошло́ уж де́сять лет... нет, бо́льше:
Двена́дцать лет) — он был бы твой рове́сник
И ца́рствовал; но Бог суди́л ино́е.

Сей по́вестью плаче́вной заключу́
Я ле́топись мою́; с тех пор я ма́ло
Вника́л в дела́ мирски́е. Брат Григо́рий,
Ты гра́мотой свой ра́зум просвети́л,
Тебе́ свой труд передаю́. В часы́
Свобо́дные от по́двигов духо́вных
Опи́сывай не му́дрствуя лука́во
Всё то, чему́ свиде́тель в жи́зни бу́дешь:
Войну́ и мир, упра́ву государе́й,
Уго́дников святы́е чудеса́,
Проро́чества и зна́менья небе́сны —[23]
А мне пора́, пора́ уж отдохну́ть
И погаси́ть лампа́ду... Но звоня́т
К зау́трене... благослови́, Госпо́дь,
Свои́х рабо́в!... Пода́й косты́ль, Григо́рий.
(Ухо́дит.) crutch

Григо́рий

Бори́с, Бори́с! всё пред тобо́й трепе́щет,
Никто́ тебе́ не сме́ет и напо́мнить
О жре́бии несча́стного младе́нца —
А ме́жду тем отше́льник в тёмной ке́лье
Здесь на тебя́ доно́с ужа́сный[24] пи́шет:
И не уйдёшь ты от суда́ мирско́го,
Как не уйдёшь от Бо́жьего суда́.

Палаты патриарха[(x)]

Патриарх, игумен Чудова монастыря.

Патриарх

И он убежа́л, оте́ц игу́мен?

Игу́мен

Убежа́л, святы́й влады́ко. Вот уж тому́ тре́тий день.

Патриа́рх

Постре́л, окая́нный! Да како́го он ро́ду?

Игу́мен

Из ро́ду Отре́пьевых,[(у)] га́лицких боя́рских дете́й. Смо́-
лоду постри́гся неве́домо где, жил в Су́здале, в Ефи́мьевском
монастыре́, ушёл отту́да, шата́лся по ра́зным оби́телям, нако-
не́ц пришёл к мое́й чу́довской бра́тии, а я, ви́дя, что он ещё
млад и неразу́мен, отда́л его́ под нача́л отцу́ Пи́мену, ста́рцу
кро́ткому и смире́нному; и был он весьма́ гра́мотен; чита́л
на́ши ле́тописи, сочиня́л кано́ны святы́м; но знать гра́мота
дала́ся ему́ не от Го́спода Бо́га...[25]

Патриа́рх

Уж э́ти мне грамоте́и![26] что ещё вы́думал! *бу́ду царём на*
Москве́! Ах, он сосу́д диа́вольский! Одна́ко не́чего царю́ и до-
кла́дывать об э́том; что трево́жить отца́-госуда́ря? Дово́льно
бу́дет объяви́ть о побе́ге дьяку́ Смирно́ву, а́ли дьяку́ Ефи́мь-
еву; э́дака е́ресь! *бу́ду царём на Москве́!*... Пойма́ть, пойма́ть
врагоуго́дника, да и сосла́ть в Солове́цкий на ве́чное покая́ние.
Ведь э́то е́ресь, оте́ц игу́мен.

Игу́мен

Е́ресь, святы́й влады́ко, су́щая е́ресь.

37

Царские палаты

Д в а   с т о л ь н и к а.

П е р в ы й

Где государь?

В т о р о й

В своей опочивáльне
Он зáперся с какúм-то колдунóм.

П е р в ы й

Так, вот егó любúмая бесéда:
Кудéсники, гадáтели, колдýньи.
Всё ворожúт, что крáсная невéста.
Желáл бы знать, о чём гадáет он?

В т о р о й

Вот он идёт. Угóдно ли спросúть?[27]

П е р в ы й

Как он угрюм!

(Ухóдят.)

Ц а р ь *(вхóдит)*[28]

Достúг я вы́сшей влáсти;
Шестóй уж год я цáрствую спокóйно.
Но счáстья нет моéй душé. Не так ли
Мы смóлоду влюбляемся и áлчем
Утéх любвú, но тóлько утолúм
Сердéчный глад мгновéнным обладáньем,
Уж охладéв, скучáем и томúмся?...
Напрáсно мне кудéсники сулят

38

Дни до́лгие, дни вла́сти безмяте́жной —
Ни власть, ни жизнь меня́ не веселя́т;
Предчу́вствую небе́сный гром и го́ре.
Мне сча́стья нет. Я ду́мал свой наро́д
В дово́льствии, во сла́ве успоко́ить,
Щедро́тами любо́вь его́ сниска́ть —
Но отложи́л пусто́е попече́нье:
Жива́я власть для че́рни ненави́стна.
Они́ люби́ть уме́ют то́лько мёртвых.
Безу́мны мы, когда́ наро́дный плеск
Иль я́рый вопль трево́жит се́рдце на́ше!
Бог насыла́л на зе́млю на́шу глад,
Наро́д завы́л, в муче́ньях погиба́я;
Я отвори́л им жи́тницы, я зла́то
Рассы́пал им, я им сыска́л рабо́ты —
Они́ ж меня́, бесну́ясь, проклина́ли!
Пожа́рный огнь их до́мы истреби́л,
Я вы́строил им но́вые жили́ща.
Они́ ж меня́ пожа́ром упрека́ли![29]
Вот че́рни суд: ищи́ ж её любви́.[30]
В семье́ мое́й я мнил найти́ отра́ду,
Я дочь мою́ мнил осчастли́вить бра́ком —
Как бу́ря, смерть уно́сит жениха́...[z]
И тут молва́ лука́во нарека́ет
Вино́вником доче́рнего вдовства́ —
Меня́, меня́, несча́стного отца́!...
Кто ни умрёт,[31] я всех уби́йца та́йный:
Я ускори́л Фео́дора кончи́ну,
Я отрави́л свою́ сестру́ цари́цу —
Мона́хиню смире́нную... всё я!
Ах! чу́вствую: ничто́ не мо́жет нас
Среди́ мирски́х печа́лей успоко́ить;
Ничто́, ничто́... еди́на ра́зве со́весть.
Так, здра́вая, она́ восторжеству́ет
Над зло́бою, над тёмной клевето́ю.
Но е́сли в ней еди́ное пятно́.

Еди́ное, случа́йно завело́ся;
Тогда́ — беда́! как я́звой морово́й
Душа́ сгори́т, нальётся се́рдце я́дом,
Как молотко́м стучи́т в уша́х упрёк,
И всё тошни́т, и голова́ кружи́тся,
И ма́льчики крова́вые в глаза́х...
И рад бежа́ть, да не́куда... ужа́сно!
Да, жа́лок тот, в ком со́весть нечиста́.

Корчма на Литовской границе[aa]

Мисаил и Варлаам[bb], бродяги-чернецы; Григорий Отрепьев мирянином; Хозяйка.

Хозяйка

Чём-то мне вас подчивать, старцы честные?

Варлаам

Чем Бог пошлёт, хозяюшка. Нет ли вина?

Хозяйка

Как не быть,[32] отцы мои! сейчас вынесу.
(*Уходит.*)

Мисаил

Что ж ты закручинился, товарищ? Вот и граница Литовская, до которой так хотелось тебе добраться.

Григорий

Пока не буду в Литве, до тех пор не буду спокоен.

Варлаам

Что тебе Литва так слюбилась? Вот мы, отец Мисаил, да я грешный, как утекли из монастыря, так ни о чём уж и не думаем. Литва ли, Русь ли, что гудок, что гусли:[33] всё нам равно, было бы вино... да вот и оно!...[34]

Мисаил

Складно сказано, отец Варлаам.

Хозяйка (*входит*)

Вот вам, отцы мои. Пейте на здоровье.

Мисаил

Спаси́бо, родна́я, Бог тебя́ благослови́.

*(Мона́хи пьют; Варлаа́м затя́гивает пе́сню:
,,Как во го́роде бы́ло во Каза́ни...")*

Варлаа́м *(Григо́рию)*

Что же ты не подтя́гиваешь, да и не потя́гиваешь?[35]

Григо́рий

Не хочу́.

Мисаил

Во́льному во́ля...[36]

Варлаа́м

А пья́ному рай, оте́ц Мисаи́л! Вы́пьем же ча́рочку за шин-
ка́рочку...[37] Одна́ко, оте́ц Мисаи́л, когда́ я пью, так тре́звых
не люблю́; и́но де́ло пья́нство, а ино́е чва́нство; хо́чешь жить
как мы, ми́лости про́сим — нет, так убира́йся, прова́ливай:
скоморо́х попу́ не това́рищ.[38]

swagger, self-conceit

Григо́рий

Пей, да про себя́ разуме́й,[39] оте́ц Варлаа́м! Ви́дишь: и я
поро́й скла́дно говори́ть уме́ю.

Варлаа́м

А что мне про себя́ разуме́ть?

Мисаил

Оста́вь его́, оте́ц Варлаа́м.

Варлаа́м

Да что он за по́стник? Сам же к нам навяза́лся в това́рищи,[40]
неве́домо кто, неве́домо отку́да — да ещё и спеси́вится; мо́жет
быть кобы́лу ню́хал...[41]

(Пьёт и поёт: ,,Молодо́й чернец постри́гся".)

Григо́рий *(хозя́йке)*

Куда́ ведёт э́та доро́га?

Хозяйка

В Литву, мой кормилец, к Луёвым горам.

Григорий

А далече ли до Луёвых гор?

Хозяйка

Недалече, к вечеру можно бы туда поспеть, кабы не заставы царские, да сторожевые приставы.

Григорий

Как, заставы! что это значит?

Хозяйка

Кто-то бежал из Москвы, а велено всех задерживать, да осматривать.

Григорий *(про себя)*

Вот тебе, бабушка, Юрьев день.

Варлаам

Эй, товарищ! да ты к хозяйке присуседился. Знать не нужна тебе водка, а нужна молодка, дело, брат, дело! у всякого свой обычай; а у нас с отцом Мисаилом одна заботушка: пьём до донушка, выпьем, поворотим и в донушко поколотим.[42]

Мисаил

Складно сказано, отец Варлаам...

Григорий

Да кого ж им надобно? Кто бежал из Москвы?

Хозяйка

А Господь его ведает, вор ли, разбойник — только здесь и добрым людям нынче прохода нет — а что из того будет? ничего; ни лысого беса не поймают: будто в Литву нет и другого пути, как столбовая дорога! Вот хоть отсюда свороти влево, да бором иди по тропинке до часовни, что на Чеканском ручью, а там прямо через болото на Хлопино, а оттуда на Захарьево, а

43

тут уж вся́кой мальчи́шка доведёт до Луёвых гор. От э́тих при́ставов то́лько и то́лку, что притесня́ют прохо́жих, да обира́ют нас бе́дных. *(Слы́шен шум.)* Что там ещё? Ах, вот они́, прокля́тые! дозо́ром иду́т.

Григо́рий

Хозя́йка! нет ли в избе́ друго́го угла́?

Хозя́йка

Не́ту, роди́мый. Ра́да бы сама́ спря́таться. То́лько сла́ва, что дозо́ром хо́дят, а подава́й им и вина́ и хле́ба, и неве́домо чего́ — чтоб им издо́хнуть, окая́нным! чтоб им...
(Вхо́дят при́ставы.)

При́став

Здоро́во, хозя́йка!

Хозя́йка

Добро́ пожа́ловать, го́сти дороги́е, ми́лости про́сим.

Оди́н при́став *(друго́му)*

Ба! да здесь попо́йка идёт; бу́дет чем поживи́ться.[43] *(Мона́хам.)* Вы что за лю́ди?

Варлаа́м

Мы Бо́жии ста́рцы, и́ноки смире́нные, хо́дим по селе́ниям да собира́ем ми́лостыню христиа́нскую на монасты́рь.

При́став *(Григо́рию)*

А ты?

Мисаи́л

Наш това́рищ...

Григо́рий

Миря́нин из при́города; проводи́л ста́рцев до рубежа́, отсе́ле иду́ восвоя́си.

Мисаи́л

Так ты разду́мал...

44

Григо́рий (тихо)

Молчи́.

При́став

Хозя́йка, вы́ставь-ка ещё вина́ — а мы здесь со ста́рцами попьём да побесе́дуем.

Друго́й при́став (тихо)

Па́рень-то, ка́жется, гол, с него́ взять не́чего; зато́ ста́рцы...

Пе́рвый

Молчи́, сейча́с до них доберёмся. — Что, отцы́ мои́? каково́ промышля́ете?

Варлаа́м

Пло́хо, сы́не,[44] пло́хо! ны́не христиа́не ста́ли скупы́; деньгу́ лю́бят, деньгу́ пря́чут. Ма́ло Бо́гу даю́т. Прии́де грех ве́лий на язы́цы зе́мнии.[45] Все пусти́лися в торги́, в мы́тарства; ду́мают о мирско́м бога́тстве, не о спасе́нии души́. Хо́дишь, хо́дишь; мо́лишь, мо́лишь; иногда́ в три дни[46] трёх полу́шек не вы́молишь. Тако́й грех! Пройдёт неде́ля, друга́я, загля́нешь в мошо́нку, ан в ней так ма́ло, что со́вестно в монасты́рь показа́ться; что де́лать? с го́ря и остально́е пропьёшь; беда́ да и то́лько. — Ох, пло́хо, знать пришли́ на́ши после́дние времена́...

Хозя́йка (пла́чет)

Госпо́дь поми́луй и спаси́!

(В продолже́ние Варлаа́мовой ре́чи, пе́рвый при́став значи́тельно всма́тривается в Мисаи́ла.)

Пе́рвый при́став

Алёха! при тебе́ ли ца́рский ука́з?

Второ́й

При мне.

Пе́рвый

Пода́й-ка сюда́.

Мисаи́л

Что ты на меня́ так при́стально смо́тришь?

Первый пристав

А вот что: из Москвы́ бежа́л не́который злой ерети́к, Гри́шка Отре́пьев,[47] слыха́л ли ты э́то?

Мисаи́л

Не слыха́л.

Пристав

Не слыха́л? ла́дно. А того́ бе́глого еретика́ царь приказа́л излови́ть и пове́сить. Зна́ешь ли ты э́то?

Мисаи́л

Не зна́ю.

Пристав *(Варлаа́му)*

Уме́ешь ли ты чита́ть?

Варлаа́м

Смо́лоду знал, да разучи́лся.

Пристав *(Мисаи́лу)*

А ты?

Мисаи́л

Не умудри́л Госпо́дь.

Пристав

Так вот тебе ца́рский ука́з.

Мисаи́л

На что мне его́?

Пристав

Мне сдаётся, что э́тот бе́глый ерети́к, вор, моше́нник — ты.

Мисаи́л

Я! поми́луй! что ты?

Пристав

Посто́й! держи́ две́ри. Вот мы сейча́с и спра́вимся.

Хозя́йка

Ах, они́ окая́нные мучи́тели! и ста́рца-то в поко́е не оста́вят![48]

Пристав

Кто здесь грамотный?

Григорий (*выступает вперёд*)

Я грамотный.

Пристав

Вот на! А у кого же ты научился?

Григорий

У нашего пономаря.

Пристав (*даёт ему указ*)

Читай же вслух.

Григорий (*читает*)

„Чудова монастыря недостойный чернец Григорий, из роду Отрепьевых, впал в ересь и дерзнул, наученный диаволом, возмущать святую братию всякими соблазнами и беззакониями. А по справкам оказалось, отбежал он, окаянный Гришка, к границе Литовской..."

Пристав (*Мисаилу*)

Как же не ты?

Григорий

„И царь повелел изловить его..."

Пристав

И повесить.

Григорий

Тут не сказано *повесить*.

Пристав

Врёшь: не всяко слово в строку пишется.[49] Читай: изловить и повесить.

Григорий

„И повесить. А лет ему вору Гришке от роду... (*смотря на Варлаама*) за 50. А росту он среднего, лоб имеет плешивый, бороду седую, брюхо толстое..."

(*Все глядят на Варлаама.*)

Пе́рвый при́став

Ребя́та! здесь Гри́шка! держи́те, вяжи́те его! Вот уж не ду́мал, не гада́л.[50]

Варлаа́м (вырыва́я бума́гу)

Отста́ньте, су́кины де́ти! что я за Гри́шка? — как! 50 лет, борода́ седа́я, брю́хо то́лстое! нет, брат! мо́лод ещё надо мно́ю шу́тки шути́ть.[51] Я давно́ не чи́тывал[52] и ху́до разбира́ю, а тут уж разберу́, как де́ло до пе́тли дохо́дит. (Чита́ет по склада́м.) ,,А-лет е-му́ от-ро́-ду... 20``. — Что брат? где тут 50? ви́дишь? 20.

Второ́й при́став

Да, по́мнится, два́дцать. Так и нам бы́ло ска́зано.

Пе́рвый при́став (Григо́рию)

Да ты, брат, ви́дно заба́вник.
(Во вре́мя чте́ния Григо́рий стои́т поту́пя го́лову, с руко́ю за па́зухой.)

Варлаа́м (продолжа́ет)

,,А ро́стом он мал, грудь широ́кая, одна́ рука́ коро́че друго́й, глаза́ голубы́е, волоса́ ры́жие, на щеке́ борода́вка, на лбу друга́я.`` Да э́то, друг, уж не ты ли?
(Григо́рий вдруг вынима́ет кинжа́л; все пе́ред ним расступа́ются, он броса́ется в окно́.)

При́ставы

Держи́! держи́!
(Все бегу́т в беспоря́дке.)

Москва. Дом Шуйского

Ш у й с к и й, множество гостей. Ужин.

Шуйский

Вина́ ещё.

(Встаёт, за ним и все.)

Ну, го́сти дороги́е,
После́дний ковш! Чита́й моли́тву, ма́льчик.

Ма́льчик

Царю́[53] небе́с, везде́ и при́сно су́щий,
Свои́х рабо́в моле́нию внемли́:
Помо́лимся о на́шем госуда́ре,
Об и́збранном тобо́й, благочести́вом,
Всех христиа́н царе́ самодержа́вном.
Храни́ его́ в пала́тах, в по́ле ра́тном,
И на путя́х, и на одре́ ночле́га.
Пода́й ему́ побе́ду на враги́,[54]
Да сла́вится он от мо́ря до мо́ря.
Да здра́вием цветёт его́ семья́,
Да осеня́т её драги́е ве́тви
Весь мир земно́й — а к нам, свои́м раба́м,
Да бу́дет он, как пре́жде, благода́тен,
И ми́лостив и долготерпели́в,
Да му́дрости его́ неистощи́мой
Проистеку́т исто́чники на нас;
И, ца́рскую на то воздви́гнув ча́шу,
Мы мо́лимся тебе́, царю́ небе́с.[55]

Шу́йский *(пьёт)*

Да здра́вствует вели́кий госуда́рь!
Прости́те же вы, го́сти дороги́е;
Благодарю́, что вы мое́й хлеб-со́лью
Не пре́зрели. Прости́те, до́брый сон.
(Го́сти ухо́дят, он провожа́ет их до двере́й.)

Пу́шкин[сс]

Наси́лу убра́лись; ну, князь Васи́лий Ива́нович, я уж
ду́мал, что нам не уда́стся и переговори́ть.

Шу́йский *(слуга́м)*

Вы что рот рази́нули? Всё бы вам госпо́д подслу́шивать.[56]
— Сбира́йте со стола́, да ступа́йте вон. — Что тако́е, Афана́сий
Миха́йлович?

Пу́шкин

Чудеса́ да и то́лько.
Племя́нник мой, Гаври́ла Пу́шкин, мне
Из Кра́кова гонца́ присла́л сего́дня.

Шу́йский

Ну.

Пу́шкин

Стра́нную племя́нник пи́шет но́вость.[57]
Сын Гро́зного... посто́й.
(Идёт к дверя́м и осма́тривает.)
Держа́вный о́трок,
По ма́нию Бори́са убие́нный...

Шу́йский

Да э́то уж не но́во.

Пу́шкин

Погоди́:
Дими́трий жив.

Шу́йский

Вот-на́! кака́я весть!
Царе́вич жив! ну по́длинно чуде́сно.
И то́лько-то?

Пу́шкин

Послу́шай до конца́.
Кто б ни́ был он, спасённый ли царе́вич,
Иль не́кий дух во о́бразе его,
Иль сме́лый плут, бессты́дный самозва́нец,
Но то́лько там Дими́трий появи́лся.

Шу́йский

Не мо́жет быть.

Пу́шкин

Его сам Пу́шкин ви́дел,
Как приезжа́л вперво́й он во дворе́ц
И сквозь ряды́ лито́вских па́нов пря́мо
Шёл в та́йную пала́ту короля́.

Шу́йский

Кто ж он тако́й? отку́да он?

Пу́шкин

Не зна́ют.
Изве́стно то, что он слуго́ю был
У Вишневе́цкого,(dd) что на одре́ боле́зни
Откры́лся он духо́вному отцу́,
Что го́рдый пан, его прове́дав та́йну,[58]
Ходи́л за ним, подня́л его́ с одра́
И с ним пото́м уе́хал к Сигизму́нду.(ee)

Шу́йский

Что ж говоря́т об э́том удальце́?

Пу́шкин

Да слы́шно он умён, приве́тлив, ло́вок,
По нра́ву всем. Моско́вских беглецо́в(ff)
Обворожи́л. Лати́нские попы́
С ним заодно́. Коро́ль его ласка́ет,
И говоря́т, помо́гу обеща́л.

Шу́йский

Всё это, брат, така́я кутерьма́,
Что голова́ круго́м пойдёт нево́льно.
Сомне́нья нет, что это самозва́нец,
Но, признаю́сь, опа́сность не мала́.
Весть ва́жная! и е́сли до наро́да
Она́ дойдёт, то быть грозе́ вели́кой. [59]

Пу́шкин

Тако́й грозе́, что вряд царю́ Бори́су
Сдержа́ть вене́ц на у́мной голове́.
И подело́м ему́! он пра́вит на́ми,
Как царь Ива́н (не к но́чи будь помя́нут). [60]
Что по́льзы в том, что я́вных ка́зней нет,
Что на колу́ крова́вом, всенаро́дно
Мы не поём кано́нов Иису́су, [gg]
Что нас не жгут на пло́щади, а царь
Свои́м жезло́м не подгреба́ет у́глей?
Уве́рены ль мы в бе́дной жи́зни на́шей?
Нас ка́ждый день опа́ла ожида́ет,
Тюрьма́, Сиби́рь, клобу́к иль кандалы́,
А там — в глуши́ голо́дна смерть, иль пе́тля.
Знатне́йшие меж на́ми ро́ды — где?
Где Си́цкие князья́, где Шестуно́вы,
Рома́новы, оте́чества наде́жда? [hh]
Заточены́, заму́чены в изгна́ньи.
Дай срок: тебе́ така́я ж бу́дет у́часть.
Легко́ ль, скажи́! мы до́ма, как Литво́й, [61]
Осаждены́ неве́рными раба́ми;
Всё языки́, гото́вые прода́ть, [62]
Прави́тельством подку́пленные во́ры.
Зави́сим мы от пе́рвого холо́па,
Кото́рого захо́чем наказа́ть.
Вот — Юрьев день заду́мал уничто́жить. [ii]
Не вла́стны мы в поме́стиях свои́х.
Не смей согна́ть лени́вца! Рад не рад,

Корми́ его; не смей перемани́ть
Рабо́тника! — Не то, в Прика́з Холо́пий.
Ну, слы́хано ль хоть при царе́ Ива́не
Тако́е зло? А ле́гче ли наро́ду?
Спроси́ его́. Попро́буй самозва́нец
Им посули́ть стари́нный Ю́рьев день,
Так и пойдёт поте́ха.

Ш у́ й с к и й

Прав ты, Пу́шкин.
Но зна́ешь ли? Об э́том обо всём[63]
Мы помолчи́м до вре́мени.

П у́ ш к и н

Вести́мо,
Знай про себя́. Ты челове́к разу́мный;
Всегда́ с тобо́й бесе́довать я рад,
И е́сли что меня́ подча́с трево́жит,
Не вы́терплю, чтоб не сказа́ть тебе́.
К тому́ ж твой мёд, да ба́рхатное пи́во
Сего́дня так язы́к мне развяза́ли...
Проща́й же, князь.

Ш у́ й с к и й

Проща́й, брат, до свида́нья.
(Провожа́ет Пу́шкина.)

Царские палаты

Царевич, чертит географическую карту(ii)
Царевна, мамка царевны.

Ксения *(целует портрет)*

Милый мой жених, прекрасный королевич, не мне ты достался, не своей невесте — а тёмной могилке, на чужой сторонке. Никогда не утешусь, вечно по тебе буду плакать. [64]

Мамка

И, царевна! [65] девица плачет, что роса падёт; взойдёт солнце, росу высушит. Будет у тебя другой жених и прекрасный и приветливый. Полюбишь его, дитя наше ненаглядное, забудешь своего королевича.

Ксения

Нет, мамушка, я и мёртвому буду ему верна.

(Входит Борис.)

Царь

Что Ксения? что милая моя?
В невестах уж печальная вдовица!
Всё плачешь ты о мёртвом женихе.
Дитя моё! судьба мне не судила
Виновником быть вашего блаженства.
Я может быть прогневал небеса,
Я счастие твоё не мог устроить.
Безвинная, зачем же ты страдаешь? —
А ты, мой сын, чем занят? Это что?

Феодор

Чертёж земли московской; наше царство
Из края в край. Вот видишь: тут Москва,

Тут Но́вгород, тут А́страхань. Вот мо́ре,
Вот пе́рмские дрему́чие леса́,
А вот Сиби́рь.

Ц а р ь

А э́то что тако́е
Узо́ром здесь виётся?

Ф е о́ д о р

Э́то Во́лга.

Ц а р ь

Как хорошо́! вот сла́дкий плод уче́нья!
Как с облако́в ты мо́жешь обозре́ть
Всё ца́рство вдруг: грани́цы, гра́ды, ре́ки.
Учи́сь, мой сын: нау́ка сокраща́ет
Нам о́пыты быстротеку́щей жи́зни —
Когда́-нибудь, и ско́ро, мо́жет быть,
Все о́бласти, кото́рые ты ны́не.
Изобрази́л так хи́тро на бума́ге,
Все под руку доста́нутся твою́ —
Учи́сь, мой сын, и ле́гче и ясне́е
Держа́вный труд ты бу́дешь постига́ть.
(Вхо́дит Семён Годуно́в.)(kk)
Вот Годуно́в идёт ко мне с докла́дом.
(Ксе́нии.) Душа́ моя́, поди́ в свою́ светли́цу;
Прости́, мой друг. Уте́шь тебя́ Госпо́дь.
(Ксе́ния с ма́мкою ухо́дит.)
Что ска́жешь мне, Семён Ники́тич?

С е м ё н   Г о д у н о́ в

Ны́нче
Ко мне, чем свет, дворе́цкий князь-Васи́лья
И Пу́шкина слуга́ пришли́ с доно́сом.

Ц а р ь

Ну.

Семён Годунóв
Пýшкина слугá донёс спервá,
Что поутрý вчерá к ним в дом приéхал
Из Крáкова гонéц — и чéрез час
Без грáмоты отóслан был обрáтно.

Царь
Гонцá схватúть. [66]

Семён Годунóв
Уж пóслано в догóню. [67]

Царь
О Шýйском что?

Семён Годунóв
Вечóр он угощáл
Своúх друзéй, обóих Милослáвских,
Бутýрлиных, Михáйла Салтыкóва,
Да Пýшкина — да нéсколько другúх;
А разошлúсь уж пóздно. Тóлько Пýшкин
Наединé с хозяином остáлся
И дóлго с ним бесéдовал ещё. —

Царь
Сейчáс послáть за Шýйским.

Семён Годунóв
Государь!
Он здесь ужé.

Царь
Позвáть егó сюдá.
(Годунóв ухóдит.)

Царь
Сношéния с Литвóю! это что?...
Протúвен мне род Пýшкиных мятéжный, [68]
А Шýйскому не дóлжно доверять:
Уклóнчивый, но смéлый и лукáвый...
(Вхóдит Шýйский.)

56

Мне ну́жно, князь, с тобо́ю говори́ть.
Но, ка́жется, ты сам пришёл за де́лом:
И вы́слушать хочу́ тебя́ сперва́.

Шу́йский

Так, госуда́рь: мой долг тебе́ пове́дать
Весть ва́жную.

Царь

Я слу́шаю тебя́.

Шу́йский *(ти́хо ука́зывая на Фео́дора)*
Но, госуда́рь...

Царь

Царе́вич мо́жет знать,
Что ве́дает князь Шу́йский. Говори́.

Шу́йский

Царь, из Литвы́ пришла́ нам весть...

Царь

Не та ли,
Что[69] Пу́шкину привёз вечо́р гоне́ц.

Шу́йский

Всё зна́ет он![70] — Я ду́мал, госуда́рь,
Что ты ещё не ве́даешь сей та́йны.

Царь

Нет ну́жды, князь: хочу́ сообрази́ть
Изве́стия; ина́че не узна́ем
Мы и́стины.

Шу́йский

Я зна́ю то́лько то,
Что в Кра́кове яви́лся самозва́нец,
И что коро́ль и па́ны за него́.

Царь

Что ж говоря́т? Кто э́тот самозва́нец?

Шу́йский

Не ве́даю.

Царь

Но... чем опа́сен он.

Шу́йский

Коне́чно, царь: сильна́ твоя́ держа́ва,
Ты ми́лостью, раде́ньем и щедро́той
Усынови́л сердца́ свои́х рабо́в.
Но зна́ешь сам: бессмы́сленная чернь[71]
Изме́нчива, мяте́жна, суеве́рна,
Легко́ пусто́й наде́жде предана́,
Мгнове́нному внуше́нию послу́шна,
Для и́стины глуха́ и равноду́шна,
А ба́снями пита́ется она́.
Ей нра́вится бессты́дная отва́га.
Так е́сли сей неве́домый бродя́га
Лито́вскую грани́цу перейдёт,
К нему́ толпу́ безу́мцев привлечёт[72]
Дими́трия воскре́снувшее и́мя.

Царь

Дими́трия!... как? э́того младе́нца!
Дими́трия!... Царе́вич, удали́сь.

Шу́йский

Он покрасне́л: быть бу́ре!...[73]

Фео́дор

Госуда́рь,
Дозво́лишь ли...

Царь

Нельзя́, мой сын, поди́.
(Фео́дор ухо́дит.)
Дими́трия!...

Шу́йский

Он ничего́ не знал.[74]

Царь

Послушай, князь: взять меры сей же час;
Чтоб от Литвы Россия оградилась
Заставами; чтоб ни одна душа
Не перешла за эту грань; чтоб заяц
Не прибежал из Польши к нам; чтоб ворон
Не прилетел из Кракова. Ступай.

Шуйский

Иду.

Царь

Постой. Не правда ль, эта весть
Затейлива? Слыхал ли ты когда,
Чтоб мёртвые из гроба выходили
Допрашивать царей, царей законных,
Назначенных, избранных всенародно,
Увенчанных великим патриархом?
Смешно? а? что? что ж не смеёшься ты?

Шуйский

Я, государь?...

Царь

Послушай, князь Василий:
Как я узнал, что отрока сего...[75]
Что отрок сей лишился как-то жизни,
Ты послан был на следствие: теперь
Тебя крестом и Богом заклинаю,
По совести мне правду объяви:
Узнал ли ты убитого младенца
И не было ль подмена? Отвечай.

Шуйский

Клянусь тебе...

Царь

Нет, Шуйский, не клянись,
Но отвечай: то был царевич?

59

Шуйский

Он.

Царь

Подумай, князь. Я милость обещаю,
Прошедшей лжи опалою напрасной
Не накажу. Но если ты теперь
Со мной хитришь, то головою сына
Клянусь — тебя постигнет злая казнь:
Такая казнь, что царь Иван Васильич[76]
От ужаса во гробе содрогнётся.

Шуйский

Не казнь страшна; страшна твоя немилость;
Перед тобой дерзну ли я лукавить?
И мог ли я так слепо обмануться,
Что не узнал Димитрия? Три дня
Я труп его в соборе посещал,
Всем Угличем туда сопровождённый.
Вокруг его тринадцать тел лежало,
Растерзанных народом, и по ним
Уж тление приметно проступало,
Но детский лик царевича был ясен
И свеж и тих, как будто усыплённый;
Глубокая не запекалась язва,[77]
Черты ж лица совсем не изменились.
Нет, государь, сомненья нет: Димитрий
Во гробе спит.

Царь *(спокойно)*

Довольно; удались.
(Шуйский уходит.)
Ух, тяжело!... дай дух переведу...
Я чувствовал: вся кровь моя в лицо
Мне кинулась — и тяжко опускалась...
Так вот зачем тринадцать лет мне сряду
Всё снилося убитое дитя!

Да, да — вот что! теперь я понимаю.
Но кто же он, мой грозный супостат?
Кто на меня?[78] Пустое имя, тень —
Ужели тень сорвёт с меня порфиру,
Иль звук лишит детей моих наследства?
Безумец я! чего ж я испугался?
На призрак сей подуй — и нет его.
Так решено: не окажу я страха —
Но презирать не должно ничего...
Ох, тяжела ты, шапка Мономаха![79, 80]

Краков. Дом Вишневецкого

С а м о з в а н е ц и P a t e r Черниковски й.

Самозванец

Нет, мой отец, не будет затрудненья;
Я знаю дух народа моего;
В нём набожность не знает исступленья:
Ему свящён пример царя его.
Всегда, к тому ж, терпимость равнодушна.
Ручаюсь я, что прежде двух годов[81]
Весь мой народ, вся северная церковь
Признают власть наместника Петра.[II]

Pater

Вспомоществуй[82] тебе святый Игнатий,
Когда придут иные времена.
А между тем небесной благодати
Таи в душе, царевич, семена.[83]
Притворствовать пред оглашённым светом
Нам иногда духовный долг велит;
Твои слова, деянья судят люди,
Намеренья единый видит Бог.

Самозванец

Аминь. Кто там?

(Входит слуга.)

Сказать: мы принимаем.

(Отворяются двери; входит толпа русских и поляков.)

Товарищи! мы выступаем завтра
Из Кракова. Я, Мнишек, у тебя
Остановлюсь в Самборе на три дня.

Я зна́ю: твой гостеприи́мный за́мок
И пы́шностью блиста́ет благоро́дной
И сла́вится хозя́йкой молодо́й —
Преле́стную Мари́ну я наде́юсь
Уви́деть там. А вы, мои́ друзья́,
Литва́ и Русь, вы, бра́тские знамёна
Подня́вшие на о́бщего врага́,
На моего́ кова́рного злоде́я,[84]
Сыны́ славя́н, я ско́ро поведу́
В жела́нный бой дружи́ны ва́ши гро́зны.
Но ме́жду вас я ви́жу но́вы ли́ца.

    Гаври́ла Пу́шкин
Они́ пришли́ у ми́лости твое́й
Проси́ть меча́ и слу́жбы.[85]

    Самозва́нец
      Рад вам, де́ти.
Ко мне, друзья́. — Но кто, скажи́ мне, Пу́шкин,
Краса́вец сей?

    Пу́шкин
      Князь Ку́рбский.[(mm)]

    Самозва́нец
      И́мя гро́мко!
(Ку́рбскому.) Ты ро́дственник каза́нскому геро́ю?[(nn)]

    Ку́рбский
Я сын его́.

    Самозванец
    Он жив ещё?

    Ку́рбский
      Нет, у́мер.

    Самозва́нец
Вели́кий ум! муж би́твы и сове́та!
Но с той поры́, когда́ явля́лся он,

Свои́х оби́д[86] ожесточённый мсти́тель,
С лито́вцами под ве́тхий го́род О́льгин,[(оо)]
Молва́ об нём умо́лкла.

Ку́рбский

Мой оте́ц
В Волы́нии провёл оста́ток жи́зни,
В поме́стиях, даро́ванных ему́
Бато́рием.[(рр)] Уединён и тих,
В нау́ках он иска́л себе́ отра́ды;
Но ми́рный труд его́ не утеша́л:
Он ю́ности свое́й отчи́зну по́мнил[87]
И до конца́ по ней он тоскова́л.

Самозва́нец

Несча́стный вождь! как я́рко просия́л
Восхо́д его́ шумя́щей, бу́рной жи́зни.
Я ра́дуюсь, великоро́дный ви́тязь,
Что кровь его́ с оте́чеством мири́тся.
Вины́ отцо́в не до́лжно вспомина́ть;
Мир гро́бу их! прибли́жься, Ку́рбский. Ру́ку!
— Не стра́нно ли? сын Ку́рбского ведёт
На трон, кого́? да — сы́на Иоа́нна...
Всё за меня́: и лю́ди и судьба́. —
Ты кто тако́й?

Поля́к

Соба́ньский, шля́хтич во́льный.

Самозва́нец

Хвала́ и честь тебе́, свобо́ды ча́до!
Вперёд ему́ треть жа́лованья вы́дать.
Но э́ти кто? я узнаю́ на них
Земли́ родно́й оде́жду. Это на́ши.

Хрущо́в[(qq)] *(бьёт чело́м)*

Так, госуда́рь, оте́ц наш. Мы твои́
Усе́рдные, гони́мые холо́пья.

Мы из Москвы́, опа́льные, бежа́ли
К тебе́, наш царь, — и за тебя́ гото́вы
Глава́ми лечь, да бу́дут на́ши тру́пы
На ца́рский трон ступе́нями тебе́.

Самозва́нец

Мужа́йтеся, безви́нные страда́льцы —
Лишь да́йте мне добра́ться до Москвы́,
А там Бори́с распла́тится во всём.
Ты кто?

Каре́ла

Каза́к.(гг) К тебе́ я с До́на по́слан
От во́льных войск, от хра́брых атама́нов,
От казако́в верхо́вых и низо́вых,[88]
Узре́ть твои́ царёвы я́сны о́чи[89]
И кла́няться тебе́ их голова́ми.

Самозва́нец

Я знал донцо́в. Не сомнева́лся ви́деть
В свои́х ряда́х каза́чьи бунчуки́.
Благодари́м Донско́е на́ше во́йско.
Мы ве́даем, что ны́не казаки́
Непра́ведно притеснены́, гони́мы;
Но е́сли Бог помо́жет нам вступи́ть
На трон отцо́в, то мы по старине́
Пожа́луем наш ве́рный во́льный Дон.

По э́т (приближа́ется, кла́няясь ни́зко и хвата́я Гри́шку
за полу́).

Вели́кий принц, светле́йший короле́вич!

Самозва́нец

Что хо́чешь ты?

По э́т (подаёт ему́ бума́гу)

Прими́те благоскло́нно
Сей бе́дный плод усе́рдного труда́.

Самозванец

Что ви́жу я? Лати́нские стихи́!
Стокра́т свяще́н сою́з меча́ и ли́ры,
Еди́ный лавр их дру́жно обвива́ет.
Роди́лся я под не́бом полуно́щным,
Но мне знако́м лати́нской му́зы го́лос,
И я люблю́ парна́сские цветы́.
Я ве́рую в проро́чества пии́тов.
Нет, не вотще́ в их пла́менной груди́
Кипи́т восто́рг: благослови́тся по́двиг,
Его́ж[90] они́ просла́вили зара́не!
Прибли́жься, друг. В моё воспомина́нье
Прими́ сей дар.

(Даёт ему́ пе́рстень.)

                Когда́ со мной сверши́тся
Судьбы́ заве́т, когда́ коро́ну пре́дков
Наде́ну я; наде́юсь вновь услы́шать
Твой сла́дкий глас, твой вдохнове́нный гимн.
Musa gloriam coronat, gloriaque musam.*
Ита́к, друзья́, до за́втра, до свида́нья.

Все

В похо́д, в похо́д! Да здра́вствует Дими́трий,
Да здра́вствует вели́кий князь моско́вский!

---

* The muse crowns glory, glory the muse.

Замок воеводы Мнишка в Самборе

(Ряд освещённых комнат. Музыка.)

Вишневецкий, Мнишек.

Мнишек

Он говорит с одной моей Мариной,
Мариною одною занят он...
А дело-то на свадьбу страх похоже;
Ну — думал ты, признайся, Вишневецкий,
Что дочь моя царицей будет? а?

Вишневецкий

Да, чудеса... и думал ли ты, Мнишек,
Что мой слуга взойдёт на трон московский?

Мнишек

А какова, скажи, моя Марина?
Я только ей промолвил: ну, смотри!
Не упускай Димитрия!... и вот
Всё кончено. Уж он в её сетях.

(Музыка играет Польской. Самозванец идёт с Мариною в первой паре.)

Марина *(тихо Димитрию)*

Да, ввечеру, в одиннадцать часов,
В аллее лип, я завтра у фонтана.

(Расходятся. Другая пара.)

Кавалер

Что в ней нашёл Димитрий?

Дама

      Как! она

Красавица.

Кавалер

Да, мраморная нимфа:
Глаза, уста без жизни, без улыбки...
(Новая пара.)

Дама

Он не красив, но вид его приятен
И царская порода в нём видна.
(Новая пара.)

Дама

Когда ж поход?

Кавалер

Когда велит царевич,
Готовы мы; но видно, панна Мнишек
С Димитрием задержит нас в плену.

Дама

Приятный плен.

Кавалер

Конечно, если вы...
(Расходятся. Комнаты пустеют.)

Мнишек

Мы, старики, уж нынче не танцуем,
Мазурки гром не подзывает нас,
Прелестных рук не жмём и не целуем —
Ох, не забыл старинных я проказ!
Теперь не то, не то, что прежде было:
И молодёжь, ей-ей — не так смела,
И красота не так уж весела —
Признайся, друг: всё как-то приуныло.
Оставим их; пойдём, товарищ мой,
Венгерского, обросшую травой,
Велим отрыть бутылку вековую,

Да в уголку́ потя́нем-ка вдвоём
Души́стый ток, стру́ю, как жир, густу́ю,
А ме́жду тем посу́дим кой о чём.
Пойдём же, брат.

Вишневе́цкий

И де́ло, друг, пойдём.

Ночь. Сад. Фонтан.

Самозва́нец *(вхо́дит)*

Вот и фонта́н; она́ сюда́ придёт.
Я ка́жется рождён не боязли́вым;
Пе́ред собо́й вблизи́ ви́дал я смерть,
Пред сме́ртию душа́ не содрога́лась.
Мне ве́чная нево́ля угрожа́ла,
За мной гнали́сь — я ду́хом не смути́лся
И де́рзостью нево́ли избежа́л.
Но что ж тепе́рь тесни́т моё дыха́нье?
Что зна́чит сей неодоли́мый тре́пет?
Иль э́то дрожь жела́ний напряжённых?
Нет — э́то страх. День це́лый ожида́л
Я та́йного свида́ния с Мари́ной,
Обду́мывал всё то, что ей скажу́,
Как обольщу́ её надме́нный ум,
Как назову́ моско́вскою цари́цей —
Но час наста́л — и ничего́ не по́мню.
Не нахожу́ затве́рженных рече́й;
Любо́вь мути́т моё воображе́нье...
Но что́-то вдруг мелькну́ло... шо́рох... ти́ше...
Нет, э́то свет обма́нчивой луны́,
И прошуме́л здесь ветеро́к.

Мари́на *(вхо́дит)*
Царе́вич!

Самозва́нец
Она́!... Вся кровь во мне останови́лась.

70

The Dimitry, by some supposed to be the forsworn monk
GRISHKA OTREPIEF

Мари́на

Дими́трий! Вы?

Самозва́нец

Волше́бный, сла́дкий го́лос!
(Идёт к ней.) Ты ль наконе́ц? Тебя́ ли ви́жу я,
Одну́ со мной, под се́нью ти́хой но́чи?
Как ме́дленно кати́лся ску́чный день!
Как ме́дленно заря́ вече́рня⁹¹ га́сла!
Как до́лго ждал во мра́ке я ночно́м!

Мари́на

Часы́ бегу́т, и до́рого мне вре́мя —
Я вдесь тебе́ назна́чила свида́нье
Не для того́, чтоб слу́шать не́жны ре́чи
Любо́вника. Слова́ не ну́жны. Ве́рю,
Что лю́бишь ты; но слу́шай: я реши́лась
С твое́й судьбо́й и бу́рной и неве́рной
Соедини́ть судьбу́ мою́; то впра́ве
Я тре́бовать, Дими́трий, одного́:
Я тре́бую, чтоб ты души́ свое́й
Мне та́йные откры́л тепе́рь наде́жды,
Наме́ренья и да́же опасе́нья —
Чтоб о́б руку с тобо́й могла́ я сме́ло
Пусти́ться в жизнь — не с де́тской слепото́й,
Не как раба́ жела́ний лёгких му́жа,
Нало́жница безмо́лвная твоя́,
Но как тебя́ досто́йная супру́га,
Помо́щница моско́вского царя́.

Самозва́нец

О, дай забы́ть хоть на еди́ный час
Мое́й судьбы́ забо́ты и трево́ги!
Забу́дь сама́, что ви́дишь пред собо́й
Царе́вича. Мари́на! зри во мне
Любо́вника, и́збранного тобо́ю,
Счастли́вого твои́м еди́ным взо́ром —

О, выслушай моления любви,
Дай высказать всё то, чем сердце полно.

Марина

Не время, князь. Ты медлишь — и меж тем
Приверженность твоих клевретов стынет,
Час от часу опасность и труды
Становятся опасней и труднее,
Уж носятся сомнительные слухи,
Уж новизна сменяет новизну;
А Годунов свой приемлет меры...

Самозванец

Что Годунов? во власти ли Бориса
Твоя любовь, одно моё блаженство?
Нет, нет. Теперь гляжу я равнодушно
На трон его, на царственную власть.
Твоя любовь... что без неё мне жизнь,
И славы блеск, и русская держава?
В глухой степи, в землянке бедной — ты,
Ты заменишь мне царскую корону,
Твоя любовь...

Марина

Стыдись; не забывай
Высокого, святого назначенья:
Тебе твой сан дороже должен быть
Всех радостей, всех обольщений жизни,
Его ни с чем не можешь ты равнять.
Не юноше кипящему, безумно
Пленённому моею красотой,
Знай: отдаю торжественно я руку
Наследнику московского престола,
Царевичу, спасённому судьбой.

Самозванец

Не мучь меня, прелестная Марина,
Не говори, что сан, а не меня

Избра́ла ты. Мари́на! ты не зна́ешь,
Как бо́льно тем ты се́рдце мне язви́шь —
Как! е́жели... о стра́шное сомне́нье! —
Скажи́: когда́ б не ца́рское рожде́нье
Назна́чила слепа́я мне судьба́;
Когда́ б я был не Иоа́ннов сын,
Не сей давно́ забы́тый ми́ром о́трок:
Тогда́ б... тогда́ б люби́ла ль ты меня́?..

Мари́на

Дими́трий ты и быть ины́м не мо́жешь;
Друго́го мне люби́ть нельзя́.

Самозва́нец

                    Нет! по́лно:
Я не хочу́ дели́ться с мертвецо́м
Любо́вницей, ему́ принадлежа́щей.
Нет, по́лно мне притво́рствовать! скажу́
Всю и́стину; так знай же: твой Дими́трий
Давно́ поги́б, зары́т — и не воскре́снет;
А хо́чешь ли ты знать, кто я тако́в?
Изво́ль; скажу́: я бе́дный чернори́зец;
Мона́шеской нево́лею скуча́я,
Под клобуко́м, свой за́мысел отва́жный
Обду́мал я, гото́вил ми́ру чу́до —
И наконе́ц из ке́лии бежа́л
К укра́инцам, в их бу́йные куре́ни,
Владе́ть конём и са́блей научи́лся;
Яви́лся к вам; Дими́трием назва́лся
И поляко́в безмо́зглых обману́л.
Что ска́жешь ты, надме́нная Мари́на?
Дово́льна ль ты призна́нием мои́м?
Что ж ты молчи́шь?

Мари́на
                    О стыд! о го́ре мне!
(Молча́ние.)

74

Самозванец *(тихо)*

Куда завлёк меня порыв досады!
С таким трудом устроенное счастье
Я, может быть, навеки погубил.
Что сделал я, безумец?

        (Вслух.)

          Вижу, вижу:
Стыдишься ты не княжеской любви.
Так вымолви ж мне роковое слово;
В твоих руках теперь моя судьба,
Реши: я жду.

        (Бросается на колени.)

Марина

      Встань, бедный самозванец.
Не мнишь ли ты коленопреклоненьем,
Как девочки доверчивой и слабой
Тщеславное мне сердце умилить?
Ошибся, друг: у ног своих видала
Я рыцарей и графов благородных;
Но их мольбы я хладно отвергала
Не для того, чтоб беглого монаха...

Самозванец *(встаёт)*

Не презирай младого самозванца;
В нём доблести таятся, может быть,
Достойные московского престола,
Достойные руки твоей бесценной...

Марина

Достойные позорной петли, дерзкий!

Самозванец

Виновен я: гордыней обуянный,
Обманывал я Бога и царей,
Я миру лгал; но не тебе, Марина,
Меня казнить;[92] я прав перед тобою.

Нет, я не мог обманывать тебя.
Ты мне была единственной святыней,
Пред ней же я притворствовать не смел.
Любовь, любовь ревнивая, слепая,
Одна любовь принудила меня
Всё высказать.

Марина

Чем хвалится безумец!
Кто требовал признанья твоего?
Уж если ты, бродяга безымянный,
Мог ослепить чудесно два народа;
Так должен уж по крайней мере ты
Достоин быть успеха своего
И свой обман отважный обеспечить
Упорною, глубокой, вечной тайной.
Могу ль, скажи, предаться я тебе,
Могу ль, забыв свой род и стыд девичий,
Соединить судьбу мою с твоею,
Когда ты сам с такою простотой,
Так ветрено позор свой обличаешь?
Он из любви со мною проболтался!
Дивлюся: как перед моим отцом
Из дружбы ты доселе не открылся,
От радости пред нашим королём,
Йли ещё пред паном Вишневецким
Из верного усердия слуги[93]

Самозванец

Клянусь тебе, что сердца моего
Ты вымучить одна могла признанье.[94]
Клянусь тебе, что никогда, нигде,
Ни в пиршестве за чашею безумства,
Ни в дружеском, заветном разговоре,
Ни под ножом, ни в муках истязаний
Сих тяжких тайн не выдаст мой язык.

76

Марина

Клянёшься ты! и так должна я верить —
О верю я! — но чем, нельзя ль узнать,
Клянёшься ты? не именем ли Бога,
Как набожный приймыш езуитов?
Иль честию, как витязь благородный,
Иль может быть единым царским словом,
Как царский сын? не так ли? говори.

Димитрий *(гордо)*

Тень Грозного меня усыновила,
Димитрием из гроба нарекла,
Вокруг меня народы возмутила
И в жертву мне Бориса обрекла —
Царевич я. Довольно, стыдно мне
Пред гордою полячкой унижаться.
Прощай навек. Игра войны кровавой,
Судьбы моей обширные заботы
Тоску любви, надеюсь, заглушат —
О, как тебя я стану ненавидеть,
Когда пройдёт постыдной страсти жар!
Теперь иду — погибель иль венец
Мою главу в России ожидает,
Найду ли смерть, как воин в битве честной,
Иль как злодей на плахе площадной,
Не будешь ты подругою моею,
Моей судьбы не разделишь со мною;
Но — может быть, ты будешь сожалеть
Об участи, отвергнутой тобою.

Марина

А если я твой дерзостный обман
Заранее пред всеми обнаружу?

Самозванец

Не мнишь ли ты, что я тебя боюсь?
Что более поверят польской деве,

Чем ру́сскому царе́вичу? — Но знай,
Что ни коро́ль, ни па́па, ни вельмо́жи
Не ду́мают о пра́вде слов мойх.
Дими́трий я, иль нет — что им за де́ло?
Но я предло́г раздо́ров и войны́.
Им э́то лишь и ну́жно, и тебя́,
Мяте́жница! пове́рь, молча́ть заста́вят.
Проща́й.

Мари́на

Посто́й, царе́вич. Наконе́ц
Я слы́шу речь не ма́льчика, но му́жа.
С тобо́ю, кня́зь, она́ меня́ мири́т.
Безу́мный твой поры́в я забыва́ю
И ви́жу вновь Дими́трия. Но — слу́шай.
Пора́, пора́! просни́сь, не ме́дли бо́ле;
Веди́ полки́ скоре́е на Москву́;
Очи́сти Кремль, сади́сь на трон моско́вский,
Тогда́ за мной шли бра́чного посла́;
Но — слы́шит Бог — пока́ твоя́ нога́
Не оперла́сь на тро́нные ступе́ни,
Пока́ тобо́й не све́ржен Годуно́в,
Любви́ рече́й не бу́ду слу́шать я.

(Ухо́дит.)

Самозва́нец

Нет — ле́гче мне сража́ться с Годуно́вым,
Или хитри́ть с придво́рным езуи́том,
Чем с же́нщиной — чорт с ни́ми: мо́чи нет.
И пу́тает, и вьётся, и ползёт,
Скользи́т из рук, шипи́т, грози́т и жа́лит.
Змея́! змея́! — Неда́ром я дрожа́л.
Она́ меня́ чуть-чуть не погуби́ла.
Но решено́: зау́тра дви́ну рать.

Граница Литовская

(1604 года, 16 октября.)

К н я з ь К у р б с к и й и С а м о з в а н е ц, оба верхами. Полки
приближаются к границе.

К у́ р б с к и й *(прискака́в пе́рвый)*

Вот, вот она́! вот ру́сская грани́ца!
Свята́я Русь, оте́чество! я твой!
Чужби́ны прах с презре́ньем отряха́ю
С мои́х оде́жд — пью жа́дно во́здух но́вый:
Он мне родно́й!... тепе́рь твоя́ душа́,
О мой оте́ц, уте́шится и в гро́бе
Опа́льные возра́дуются ко́сти!
Блесну́л опя́ть насле́дственный наш меч,
Сей сла́вный меч, гроза́ Каза́ни тёмной,⁽ˢˢ⁾
Сей до́брый меч, слуга́ царе́й моско́вских!
В своём пиру́ тепе́рь он загуля́ет
За своего́ надёжу-госуда́ря!...⁹⁵

С а м о з в а́ н е ц *(е́дет ти́хо с пони́кшей голово́й)*

Как сла́стлив он! как чи́стая душа́
В нём ра́достью и сла́вой разыгра́лась!⁹⁶
О ви́тязь мой! зави́дую тебе́.
Сын Ку́рбского, воспи́танный в изгна́ньи,
Забы́в отцо́м снесённые оби́ды,
Его́ вину́ за гро́бом искупи́в,
Ты кровь изли́ть за сы́на Иоа́нна
Гото́вишься; зако́нного царя́
Ты возврати́ть оте́честву... Ты прав,
Душа́ твоя́ должна́ пыла́ть весе́льем.

Курбский

Ужель и ты не веселишься духом?
Вот наша Русь: она твоя, царевич.
Там ждут тебя сердца твоих людей:
Твоя Москва, твой Кремль, твоя держава.

Самозванец

Кровь русская, о Курбский, потечёт.
Вы за царя подъяли меч, вы чисты.
Я ж вас веду на братьев; я Литву
Позвал на Русь, я в красную Москву
Кажу врагам заветную дорогу!..
Но пусть мой грех падёт не на меня,
А на тебя, Борис-цареубийца! —
Вперёд!

Курбский

Вперёд! и горе Годунову!
(Скачут. Полки переходят через границу.)

Царская дума

Царь, патриарх и бояре.

Царь

Возможно ли? Расстрига, беглый инок
На нас ведёт злодейские дружины,
Дерзает нам[97] писать угрозы! Полно,
Пора смирить безумца! — Поезжайте
Ты, Трубецкой, и ты, Басманов; помочь
Нужна моим усердным воеводам.
Бунтовщиком Чернигов осаждён.
Спасайте град и граждан.

Басманов

         Государь,
Трёх месяцев отныне не пройдёт,
И замолчит и слух о самозванце;
Его в Москву мы привезём, как зверя
Заморского, в железной клети. Богом
Тебе клянусь.
(Уходит с Трубецким.)

Царь

        Мне свейский государь
Через послов союз свой предложил;
Но не нужна нам чуждая помога;
Своих людей у нас довольно ратных,[98]
Чтоб отразить изменников и ляха.
Я отказал.
        Щелкалов! разослать

Во все концы́ ука́зы к воево́дам,
Чтоб на коня́ сади́лись и люде́й
По старине́ на слу́жбу высыла́ли;
В монастыря́х подо́бно отобра́ть
Служи́телей причётных. В пре́жни го́ды,
Когда́ бедо́й оте́честву грози́ло,
Отше́льники на би́тву са́ми шли —
Но не хоти́м трево́жить ны́не их;
Пусть мо́лятся за нас они́ — тако́в
Ука́з царя́ и при́говор боя́рский.
Тепе́рь вопро́с мы ва́жный разреши́м:
Вы зна́ете, что на́глый самозва́нец
Кова́рные промча́л повсю́ду слу́хи;
Повсю́ду им разо́сланные пи́сьма
Посе́яли трево́гу и сомне́нье;
На площадя́х мяте́жный бро́дит шо́пот,
Умы́ кипя́т... их ну́жно остуди́ть —
Предупреди́ть жела́л бы ка́зни я,
Но чем и как? реши́м теперь. Ты пе́рвый,
Святы́й отец, свою́ пове́дай мысль.

          Патриа́рх
Благословлён Всевы́шний, посели́вший
Дух ми́лости и кро́ткого терпе́нья
В душе́ твое́й, вели́кий госуда́рь;
Ты гре́шнику поги́бели не хо́чешь,
Ты ти́хо ждёшь — да про́йдет[99] заблужде́нье:
Оно́ пройдёт и со́лнце пра́вды ве́чной
Всех озари́т.

          Твой ве́рный богомо́лец,
В дела́х мирски́х не му́дрый судия́,
Дерза́ет днесь пода́ть тебе́ свой го́лос.

     Бесо́вский сын, расстри́га окая́нный,
Просла́ть уме́л Дими́трием в наро́де;
Он и́менем царе́вича, как ри́зой
Укра́денной, бессты́дно облачи́лся:

82

Но стоит лишь её раздрать — и сам
Он наготой своею посрамится.

Сам Бог на то нам средство посылает:
Знай, государь; тому прошло шесть лет —[100]
В тот самый год, когда тебя Господь
Благословил на царскую державу —
В вечерний час ко мне пришёл однажды
Простой пастух, уже маститый старец,
И чудную поведал он мне тайну.

,,В младых летах, сказал он, я ослеп
И с той поры не знал ни дня, ни ночи
До старости: напрасно я лечился
И зелием и тайным нашептаньем;
Напрасно я ходил на поклоненье
В обители к великим чудотворцам;
Напрасно я из кладязей святых
Кропил водой целебной тёмны очи;
Не посылал Господь мне исцеленья.
Вот наконец утратил я надежду,
И к тьме своей привык, и даже сны
Мне виданных вещей уж не являли
А снилися мне только звуки. Раз
В глубоком сне, я слышу, детский голос
Мне говорит: встань дедушка, поди
Ты в Углич-град, в собор Преображенья;
Там помолись ты над моей могилкой,
Бог милостив — и я тебя прощу.
— Но кто же ты? спросил я детский голос.
— Царевич я Димитрий. Царь небесный
Приял меня в лик ангелов своих
И я теперь великий чудотворец! —
Иди, старик. — Проснулся я и думал:
Что ж? может быть и в самом деле Бог
Мне позднее дарует исцеленье.
Пойду — и в путь отправился далёкий.
Вот Углича достиг я, прихожу

В святы́й собо́р, и слу́шаю обе́дню
И, разгоря́сь душо́й усе́рдной, пла́чу
Так сла́достно, как бу́дто слепота́
Из глаз мои́х слеза́ми вытека́ла.
Когда́ наро́д стал выходи́ть, я вну́ку
Сказа́л: Ива́н, веди́ меня́ на гроб
Царе́вича Дими́трия. И ма́льчик
Повёл меня́ — и то́лько пе́ред гро́бом
Я ти́хую моли́тву сотвори́л,
Глаза́ мои́ прозре́ли; я уви́дел
И Бо́жий свет, и вну́ка, и моги́лку“.
Вот, госуда́рь, что мне пове́дал ста́рец.

*(Общее смуще́ние. В продолже́ние сей ре́чи Бори́с не́сколько раз
отира́ет лицо́ платко́м.)*

Я посыла́л тогда́ наро́чно в У́глич,
И све́дано, что мно́гие страда́льцы
Спасе́ние подо́бно обрета́ли
У гробово́й царе́вича доски́.[101]
   Вот мой сове́т: во Кремль святы́е мо́щи
Перенести́, поста́вить их в собо́ре
Арха́нгельском; наро́д уви́дит я́сно
Тогда́ обма́н безбо́жного злоде́я,
И мощь бесо́в исче́знет я́ко прах.[tt]

(Молча́ние.)

Князь Шу́йский

Святы́й оте́ц, кто ве́дает пути́
Всевы́шнего? Не мне его́ суди́ть.[102]
Нетле́нный сон и си́лу чудотво́рства
Он мо́жет дать младе́нческим оста́нкам,
Но надлежи́т наро́дную молву́
Исследовать приле́жно и бесстра́стно;
А в бу́рные ль смяте́ний времена́
Нам помышля́ть о столь вели́ком де́ле?
Не ска́жут ли, что мы святы́ню де́рзко

В делах мирских орудием творим?
Народ и так колеблется безумно,
И так уж есть довольно шумных толков:
Умы людей не время волновать
Нежданою, столь важной новизною.
    Сам вижу я: необходимо слух,
Рассеянный расстригой, уничтожить;
Но есть на то иные средства — проще.
Так, государь — когда изволишь ты,
Я сам явлюсь на площади народной,
Уговорю, усовещу безумство
И злой обман бродяги обнаружу.

                Царь

Да будет так! Владыко патриарх,
Прошу тебя пожаловать в палату:
Сегодня мне нужна твоя беседа.
        (Уходит. За ним и все бояре.)

Один боярин *(тихо другому)*
Заметил ты, как государь бледнел
И крупный пот с лица его закапал?

                Другой

Я — признаюсь — не смел поднять очей,
Не смел вздохнуть, не только шевельнуться.

        Первый боярин
А выручил князь Шуйский. Молодец!

Равнина близ Новгорода-Северского

(1604 года, 21 декабря)

Битва.

Воины *(бегут в беспорядке)*
Беда, беда! Царевич! Ляхи! Вот они! вот они!
(Входят капитаны Маржерет и Вальтер Розен.)

Маржерет
Куда, куда? Allons...* пошоль[103] назад!

Один из беглецов
Сам *пошоль*, коли есть охота, проклятый басурман.

Маржерет
Quoi? quoi?**

Другой
Ква! ква! тебе любо, лягушка заморская, квакать[104] на русского царевича; а мы ведь православные.

Маржерет
Qu'est-ce à dire *pravoslavni*?.. Sacrés gueux, maudites canailles! Mordieu, mein Herr, j'enrage: on dirait que ça n'a pas des bras pour frapper, ça n'a que des jambes pour foutre le camp. (uu)

---

* Let's go...
** What? what?

В. Рόзен

Es ist Schand.*

Маржерέт

Ventre-saint-gris! Je ne bouge plus d'un pas — puisque le vin est tiré, il faut le boire. Qu'en dites-vous, mein Herr?

В. Рόзен

Sie haben Recht.

Маржерέт

Tudieu, il y fait chaud! Ce diable de Samozvanetz, comme ils l'appellent, est un bougre qui a du poil au cul. Qu'en pensez vous, mein Herr?

В. Рόзен

Oh, ja!

Маржерέт

Hé! voyez donc, voyez donc! L'action s'engage sur les derrières de l'ennemi. Ce doit être le brave Basmanoff, qui aurait fait une sortie.

В. Рόзен

Ich glaube das.

(Вхόдят нέмцы.)

Маржерέт

Ha, ha! voici nos Allemands. — Messieurs!... Mein Herr, dites leur donc de se rallier et, sacrebleu, chargeons!

В. Рόзен

Sehr gut. Halt!

(Нέмцы стрόятся.)

Marsch!

---

* What does it mean, "pravoslavni"?.. Blasted beggars, damned scum! By God, sir, it drives me mad: one might think they haven't got arms to fight, just legs to run away. *W. Rosen.* It's a shame.

Н е́ м ц ы *(иду́т)*

Hilf Gott!**

(Сраже́ние. Ру́сские сно́ва бегу́т.)

Л я́ х и

Побе́да! побе́да! Сла́ва царю́ Дими́трию.

Дими́трий *(верхо́м)*

Уда́рить отбо́й! Мы победи́ли. Дово́льно; щади́те ру́сскую кровь. Отбо́й!

(Трубя́т, бьют бараба́ны.)

** The devil take it! I am not going to move another step — once the wine has been drawn, one must drink it. What do you say, sir? *W. Rosen.* You are right. *Margeret.* By God, it's getting hot here: That devil of Samozvanetz, as they call him, has got bristles under his tail, the bastard. What do you think, sir? *W. Rosen.* Oh, yes! *Margeret.* Look there! Look there! We have engaged the rear of the enemy. That must be the brave Basmanoff who has made a sortie. *W. Rosen.* That's what I think. *Margeret.* And here are our Germans. Gentlemen!.. Sir, tell them then to fall in and, for Heaven's sake, let's charge! *W. Rosen.* Very well! Halt!.. March! *The Germans.* God help us!

Площадь перед собором в Москве(vv)

Народ.

Один

Скоро ли царь выйдет из собора?

Другой

Обедня кончилась; теперь идёт молебствие.

Первый

Что? уж проклинали *того*?

Другой

Я стоял на паперти, и слышал, как диакон завопил: Гришка Отрепьев — Анафема!

Первый

Пускай себе проклинают; царевичу дела нет до Отрепьева.

Другой

А царевичу поют теперь вечную память.

Первый

Вечную память живому! Вот ужо им будет, безбожникам.

Третий

Чу! шум. Не царь ли?

Четвёртый

Нет; это Юродивый.

(*Входит Юродивый в железной шапке, обвешанный веригами, окружённый мальчишками.*)

Мальчишки

Николка, Николка — железный колпак!... тррррр...

Старуха

Отвяжитесь, бесенята, от блаженного. — Помолись, Николка, за меня грешную.

Юродивый

Дай, дай, дай копеечку.

Старуха

Вот тебе копеечка; помяни же меня.

Юродивый *(садится на землю и поёт)*
Месяц светит,
Котёнок плачет,
Юродивый, вставай,
Богу помолися!

(Мальчишки окружают его снова.)

Один из них

Здравствуй, Николка; что же ты шапки не снимаешь?
(Щёлкает его по железной шапке.) Эк она звонит!

Юродивый

А у меня копеечка есть.

Мальчишка

Неправда! ну, покажи.
(Вырывает копеечку и убегает.)

Юродивый *(плачет.)*
Взяли мою копеечку; обижают Николку!

Народ

Царь, царь идёт.
(Царь выходит из собора. Боярин впереди раздаёт нищим милостыню. Бояре.)

Юродивый

Борис, Борис! Николку дети обижают.

Царь

Подать ему милостыню. О чём он плачет?

Юродивый

Николку маленькие дети обижают... Вели их зарезать, как зарезал ты маленького царевича.

Бояре

Поди прочь, дурак! схватите дурака!

Царь

Оставьте его. Молись за меня, бедный Николка.
(Уходит.)

Юродивый *(ему вслед)*

Нет, нет! нельзя молиться за царя Ирода — Богородица не велит.

Севск

Самозванец, окружённый своими.

Самозванец

Где пленный?

Лях

Здесь.

Самозванец

Позвать его ко мне.
(Входит русский пленник.)

Кто ты?

Пленник

Рожнов, московский дворянин.

Самозванец

Давно ли ты на службе?

Пленник

С месяц будет.

Самозванец

Не совестно, Рожнов, что на меня
Ты поднял меч?

Пленник

Как быть, не наша воля.

Самозванец

Сражался ты под Северским?[105]

Пленник

            Я прибыл
Недели две по битве — из Москвы.

Самозванец

    Что Годунов?

Пленник

            Он очень был встревожен
Потерею сражения и раной
Мстиславского, [106] и Шуйского послал
Начальствовать над войском.

Самозванец

                А зачем
Он отозвал Басманова в Москву?

Пленник

Царь наградил его заслуги честью
И золотом. Басманов в царской Думе
Теперь сидит. [ww]

Самозванец

        Он в войске был нужнее.
Ну, что в Москве?

Пленник

        Всё, слава Богу, тихо.

Самозванец

    Что? ждут меня?

Пленник

            Бог знает; о тебе
Там говорить не слишком нынче смеют.
Кому язык отрежут, а кому
И голову — такая право притча!
Что день, то казнь. Тюрьмы битком набиты.

На площади, где человека три
Сойдутся — глядь — лазутчик уж и вьётся,
А государь досужною порою
Доносчиков допрашивает сам.
Как раз беда; так лучше уж молчать.

Самозванец

Завидна жизнь Борисовых людей![107]
Ну, войско что?

Пленник

        Что с ним? одето, сыто,
Довольно всем.

Самозванец
Да много ли его?

Пленник

Бог ведает.

Самозванец
А будет тысяч тридцать?

Пленник

Да наберёшь и тысяч пятьдесят.[108]
*(Самозванец задумывается. Окружающие смотрят друг на
друга.)*

Самозванец

Ну! обо мне как судят в вашем стане?

Пленник

А говорят о милости твоей,
Что ты-дескать (будь не во гнев) и вор,
А молодец.

Самозванец *(смеясь)*
Так это я на деле
Им докажу: друзья не станем ждать

Мы Шу́йского; я поздравля́ю вас:
На за́втра бой.

(Ухо́дит)

В с е

Да здра́вствует Дими́трий!

Л я х Pole

На за́втра бой! их ты́сяч пятьдеся́т,
А нас всего́ едва́ ль пятна́дцать ты́сяч.
С ума́ сошёл.

Д р у г о́ й

Пусто́е,[109] друг: поля́к
Оди́н пятьсо́т моска́лей[110] вы́звать мо́жет.

П л е́ н н и к

Да, вы́зовешь. А как дойдёт до дра́ки,
Так убежи́шь от одного́, хвасту́н.

Л я х

Когда́ б ты был при са́бле, де́рзкий пле́нник,
То я тебя́ *(ука́зывая на свою́ са́блю)* вот э́тим бы смири́л.

П л е́ н н и к

Наш брат руса́к без са́бли обойдётся:
Не хо́чешь ли вот э́того *(пока́зывая кула́к)*, безмо́зглый!

(Лях го́рдо смо́трит на него́ и мо́лча отхо́дит. Все смею́тся.)

Лес

Лжедимитрий, Пушкин.

(В отдалении лежит конь издыхающий.)

Лжедимитрий

Мой бедный конь! как бодро поскакал
Сегодня он в последнее сраженье,
И раненый как быстро нёс меня.
Мой бедный конь.

Пушкин *(про себя)*

Ну вот о чём жалеет?
Об лошади! когда всё наше войско
Побито в прах!

Самозванец

Послушай, может быть
От раны он лишь только заморился
И отдохнёт.

Пушкин

Куда! он издыхает.

Самозванец *(идёт к своему коню)*
Мой бедный конь!... что делать? снять узду
Да отстегнуть подпругу. Пусть на воле
Издохнет он.
(Разуздывает и расседлывает коня. Входят несколько ляхов.)

Здорово, господа.
Что ж Курбского не вижу между вами?
Я видел, как сегодня в гущу боя

Он врезался; тьмы сабель молодца,
Что зыбкие колосья, облепили;
Но меч его всех выше подымался,
А грозный клик все клики заглушал.
Где ж витязь мой?

Лях
Он лёг на поле смерти.

Самозванец
Честь храброму и мир его душе!
Как мало нас от битвы уцелело.
Изменники! злодеи-запорожцы,
Проклятые! вы, вы сгубили нас —
Не выдержать и трёх минут отпора!
Я их ужо! десятого повешу,
Разбойники!

Пушкин
Кто там ни виноват,
Но всё-таки мы начисто разбиты,
Истреблены.

Самозванец
А дело было наше;
Я было смял передовую рать —
Да немцы нас порядком отразили;
А молодцы! ей-Богу, молодцы,
Люблю за то — из них — уж непременно
Составлю я почётную дружину.

Пушкин
А где-то нам сегодня ночевать?

Самозванец
Да здесь в лесу. Чем это не ночлег?
Чем свет, мы в путь; к обеду будем в Рыльске.
Спокойна ночь.
(Ложится, кладёт седло под голову и засыпает.)

Пу́шкин

Прия́тный сон, царе́вич.
Разби́тый в прах, спаса́яся побе́гом,
Беспе́чен он, как глу́пое дитя́:
Храни́т его́ коне́чно провиде́нье;
И мы, друзья́, не ста́нем унывать.

to lose heart

Москва. Царские палаты

Б о р и с, Б а с м а н о в.

Царь

Он побеждён, какая польза в том?
Мы тщётною победой увенчались.
Он вновь собрал рассеянное войско
И нам со стен Путивля угрожает —
Что делают меж тем герои наши?
Стоят у Кром, где кучка казаков
Смеются им из-под гнилой ограды.
Вот слава! нет, я ими недоволен,
Пошлю тебя начальствовать над ними;
Не род, а ум поставлю в воеводы;
Пускай их спесь о местничестве тужит;
Пора презреть мне ропот знатной черни[111]
И гибельный обычай уничтожить.

Басманов

Ах, государь, стократ благословён
Тот будет день, когда Разрядны книги
С раздорами, с гордыней родословной
Пожрёт огонь.

Царь

                    День этот недалёк;
Лишь дай сперва смятение народа
Мне усмирить.

Басманов

                    Что на него смотреть;
Всегда народ к смятенью тайно склонен:

Так борзый конь грызёт свои бразды;
На власть отца так отрок негодует;
Но что ж? конём спокойно всадник правит,
И отроком отец повелевает.

Царь

Конь иногда сбивает седока,
Сын у отца не вечно в полной воле.
Лишь строгостью мы можем неусыпной
Сдержать народ. Так думал Иоанн,
Смиритель бурь, разумный самодержец;
Так думал и — его свирепый внук.^(xx)
Нет, милости не чувствует народ:
Твори добро — не скажет он спасибо;
Грабь и казни — тебе не будет хуже.
            (Входит боярин.)
Что?

Боярин

Привели гостей иноплеменных.

Царь

Иду принять; Басманов, погоди.
Останься здесь: с тобой ещё мне нужно
Поговорить.

    (Уходит.)

Басманов

            Высокий дух державный.
Дай Бог ему с Отрепьевым проклятым
Управиться, и много, много он
Ещё добра в России сотворит.
Мысль важная в уме его родилась.
Не надобно ей дать остыть. Какое
Мне поприще откроется, когда
Он сломит рог боярству родовому!
Соперников во брани я не знаю;

100

У ца́рского престо́ла ста́ну пе́рвый...
И мо́жет быть... Но что за чу́дный шум?

(Трево́га. Боя́ре, придво́рные служи́тели в беспоря́дке бегу́т,
встреча́ются и ше́пчутся.)

Оди́н

За ле́карем!

Друго́й

Скоре́е к патриа́рху.

Тре́тий

Царе́вича, царе́вича зовёт!

Четвёртый

Духо́вника!

Басма́нов

Что сде́лалось тако́е?

Пя́тый

Царь занемо́г.

Шесто́й

Царь умира́ет.

Басма́нов

Бо́же!

Пя́тый

На тро́не он сиде́л и вдруг упа́л —
Кровь хлы́нула из уст и из уше́й.
(Царя́ выно́сят на сту́ле; всё ца́рское семе́йство, все боя́ре.)

Царь

Поди́те все — оста́вьте одного́
Царе́вича со мно́ю. *(Все удаля́ются.)* Умира́ю;
Обни́мемся, проща́й, мой сын: сейча́с
Ты ца́рствовать начнёшь... о Бо́же, Бо́же!

Сейча́с явлю́сь перед тобо́й — и ду́шу
Мне не́когда очи́стить покая́ньем.
Но чу́вствую — мой сын, ты мне доро́же
Душе́вного спасе́нья... так и быть!
Я по́дданным рождён и умере́ть
Мне по́дданным во мра́ке б надлежа́ло;
Но я дости́г верхо́вной вла́сти... чем?
Не спра́шивай. Дово́льно: ты неви́нен,
Ты ца́рствовать тепе́рь по пра́ву ста́нешь,
Я, я за всё оди́н отве́чу Бо́гу...
О ми́лый сын, не обольща́йся ло́жно,
Не ослепля́й себя́ ты доброво́льно —
В дни бу́рные держа́ву ты прие́млешь.
Опа́сен он, сей чу́дный самозва́нец,
Он и́менем ужа́сным ополчён...
Я, с да́вних лет в правле́ньи искушённый,
Мог удержа́ть смяте́нье и мяте́ж;
Передо мно́й они́ дрожа́ли в стра́хе;
Возвы́сить глас изме́на не дерза́ла.
Но ты, младо́й, нео́пытный власти́тель,
Как управля́ть ты бу́дешь под грозо́й,
Туши́ть мяте́ж, опу́тывать изме́ну?
Но Бог вели́к! Он умудря́ет ю́ность,
Он сла́бости дару́ет си́лу... слу́шай:
Сове́тника во-пе́рвых избери́
Надёжного, холо́дных, зре́лых лет,
Люби́мого наро́дом — а в боя́рах[112]
Почте́нного поро́дой и́ли сла́вой —
Хоть Шу́йского. Для во́йска ны́нче ну́жен
Иску́сный вождь: Басма́нова пошли́
И с твёрдостью снеси́ боя́рский ро́пот.
Ты с ма́лых лет сиде́л со мно́ю в Ду́ме,
Ты зна́ешь ход держа́вного правле́нья;
Не изменя́й тече́нья дел. Привы́чка
Душа́ держа́в. Я ны́не до́лжен был
Восстанови́ть опа́лы, ка́зни — мо́жешь

Их отменить; тебя благословят.
Как твоего благословляли дядю,
Когда престол он Грозного приял.
Со временем и понемногу снова
Затягивай державные бразды.
Теперь ослабь, из рук не выпуская...
Будь милостив, доступен к иноземцам,
Доверчиво их службу принимай.
Со строгостью храни устав церковный;
Будь молчалив; не должен царский голос
На воздухе теряться попустому;
Как звон святой, он должен лишь вещать
Велику скорбь или великий праздник.
О милый сын, ты входишь в те лета,
Когда нам кровь волнует женский лик.
Храни, храни святую чистоту
Невинности и гордую стыдливость:
Кто чувствами в порочных наслажденьях
В младые дни привыкнул утопать,
Тот, возмужав, угрюм и кровожаден,
И ум его безвременно темнеет.
В семье своей будь вавсегда главою;
Мать почитай — но властвуй сам собою —
Ты муж и царь — люби свою сестру,
Ты ей один хранитель остаёшься.

   Феодор *(на коленях)*

Нет, нет — живи и царствуй долговечно:
Народ и мы погибли без тебя.

   Царь

Всё кончено — глаза мои темнеют,
Я чувствую могильный хлад...

(Входит патриарх, святители, за ними все бояре. Царицу
  ведут под руки, царевна рыдает.)

                              Кто там?
А! схима... так! святое пострижéнье...
Ударил час, в монáхи царь идёт —
И тёмный гроб моéю бýдет кéльей...
Повремени, владыко патриáрх,
Я царь ещё: внемлите вы, боя́ре:
Се тот, комý прикáзываю цáрство;
Целýйте крест Феóдору...[113] Басмáнов,
Друзья́ мои... при грóбе вас молю́
Емý служить усéрдием и прáвдой!
Он так ещё и млад и непорóчен.
Клянётесь ли?

                    Боя́ре

          Клянёмся.

                    Царь

                    Я довóлен.
Простите ж мне соблáзны и грехи
И вóльные и тáйные оби́ды...
Святый отéц, приближься, я готóв.
*(Начинáется обря́д пострижéния. Жéнщин в óбмороке вы-
        нóсят.)*[114]

Ставка

Басманов вводит Пушкина.

Басманов

Войди сюда и говори свободно.
Итак тебя ко мне он посылает?

Пушкин

Тебе свою он дружбу предлагает
И первый сан по нём в московском царстве.

Басманов

Но я и так Феодором[уу] высоко
Уж вознесён. Начальствую над войском,
Он для меня презрел и чин разрядный,
И гнев бояр — я присягал ему.

Пушкин

Ты присягал наследнику престола
Законному; но если жив другой,
Законнейший?...[115]

Басманов

    Послушай, Пушкин, полно,
Пустого мне не говори; я знаю,
Кто он такой.

Пушкин

    Россия и Литва
Димитрием давно его признали,
Но впрочем я за это не стою.

Быть мо́жет он Дими́трий настоя́щий,
Быть мо́жет он и самозва́нец. То́лько
Я ве́даю, что ра́но или по́здно
Ему́ Москву́ усту́пит сын Бори́сов.

Басма́нов

Пока́ стою́ за ю́ного царя́,
Дото́ле он престо́ла не оста́вит;
Полко́в у нас дово́льно, сла́ва Бо́гу!
Побе́дою я их одушевлю́,
А вы, кого́ про́тив меня́ пошлёте?
Не казака́ ль Каре́лу? а́ли Мни́шка?
Да мно́го ль вас, всего́-то во́семь ты́сяч.

Пу́шкин

Оши́бся ты: и тех не наберёшь —
Я сам скажу́, что во́йско на́ше дрянь,
Что казаки́ лишь то́лько сёлы¹¹⁶ гра́бят,
Что поляки́ лишь хва́стают, да пьют,
А ру́сские... да что и говори́ть...
Пе́ред тобо́й не ста́ну я лука́вить;
Но зна́ешь ли чем си́льны мы, Басма́нов?
Не во́йском, нет, не по́льскою помо́гой,
А мне́нием; да! мне́нием наро́дным.
Дими́трия ты по́мнишь торжество́
И ми́рные его́ завоева́нья,
Когда́ везде́ без вы́стрела ему́
Послу́шные сдава́лись города́,
А воево́д упря́мых чернь вяза́ла?
Ты ви́дел сам, охо́тно ль ва́ши ра́ти
Сража́лись с ним; когда́ же? при Бори́се!
А ны́нче ль?.. нет, Басма́нов, по́здно спо́рить
И раздува́ть холо́дный пе́пел бра́ни:
Со всем твои́м умо́м и твёрдой во́лей
Не устои́шь; не лу́чше ли тебе́
Дать пе́рвому приме́р благоразу́мный,¹¹⁷

Димитрия царём провозгласить
И тем ему навеки удружить?
Как думаешь?

Басманов

Узнаете вы завтра.

Пушкин

Решись.

Басманов

Прощай.

Пушкин

Подумай же, Басманов.
(Уходит.)

Басманов

Он прав, он прав; везде измена зреет —
Что делать мне? Ужели буду ждать,
Чтоб и меня бунтовщики связали
И выдали Отрепьеву? Не лучше ль
Предупредить разрыв потока бурный
И самому...[118] Но изменить присяге!
Но заслужить бесчестье в род и род!
Доверенность младого венценосца
Предательством ужасным заплатить...
Опальному изгнаннику легко
Обдумывать мятеж и заговор —
Но мне ли, мне ль, любимцу государя...
Но смерть... но власть... но бедствия народны...
(Задумывается.)
Сюда! кто там? (Свищет.) Коня! трубите сбор.

Лобное место

place of execution

Пушкин идет окруженный народом.

Народ

Царе́вич нам боя́рина посла́л.
Послу́шаем, что ска́жет нам боя́рин.
Сюда́! сюда́!

Пушкин _(на амвóне)_

Моско́вские гражда́не,
Вам кла́няться царе́вич приказа́л.
(Кла́няется.)

Вы зна́ете, как про́мысел небе́сный
Царе́вича от рук уби́йцы спас;
Он шёл казни́ть злоде́я своего́,[119]
Но Бо́жий суд уж порази́л Бори́са.
Дими́трию Росси́я покори́лась;
Басма́нов сам с раска́яньем усе́рдным
Свои́ полки́ привёл ему́ к прися́ге.
Дими́трий к вам идёт с любо́вью, с ми́ром.
В уго́ду ли семе́йству Годуно́вых
Поды́мете вы ру́ку на царя́
Зако́нного, на вну́ка Монома́ха?

Народ

Вести́мо нет.

Пушкин

Моско́вские гражда́не!
Мир ве́дает, сколь мно́го вы терпе́ли
Под вла́стию жесто́кого пришельца:[120]

108

Опалу, казнь, бесчестие, налоги,
И труд, и глад — всё испытали вы.
Димитрий же вас жаловать намерен,
Бояр, дворян, людей приказных, ратных,
Гостей, купцов — и весь честной народ.
Вы ль станете упрямиться безумно
И милостей кичливо убегать?
Но он идёт на царственный престол
Своих отцов — в сопровожденьи грозном. [121]
Не гневайте ж царя и бойтесь Бога.
Целуйте крест законному владыке;
Смиритеся, немедленно пошлите
К Димитрию во стан митрополита,
Бояр, дьяков и выборных людей,
Да бьют челом отцу и государю.
            (Сходит. Шум народный.)

        Народ
Что толковать? Боярин правду молвил.
Да здравствует Димитрий, наш отец.

    Мужик на амвоне
Народ, народ! в Кремль! в царские палаты!
Ступай! вязать Борисова щенка!

    Народ *(несётся толпою)*
Вязать! топить! Да здравствует Димитрий!
Да гибнет род Бориса Годунова!

Кремль. Дом Борисов. Стража у крыльца

Ф е о д о р под окном.

Нищий
Дáйте мúлостыню, Христá рáди!

Стрáжа
Подú прочь, не вéлено говорúть с заключёнными.

Феóдор
Подú, старúк, я беднéе тебя́, ты на вóле.

(Ксéния под покрывáлом подхóдит тáкже к окнý.)

Одúн из нарóда
Брат да сестрá! бéдные дéти, что птáшки в клéтке.

Другóй
Есть о ком жалéть![122] Прокля́тое плéмя!

Пéрвый
Отéц был злодéй, а дéтки невúнны.

Другóй
Я́блоко от я́блони недалекó пáдает.

Ксения
Брáтец, брáтец, кáжется, к нам боя́ре идýт.

Феóдор
Это Гóлицын, Мосáльский. Другúе мне незнакóмы.

К с é н и я

Ах, брáтец, сéрдце замирáет!
(*Гóлицын, Мосáльский, Молчáнов и Шерефéдинов. За нúми трóе стрельцóв.*)

Н а р ó д

Расступúтесь, расступúтесь. Боя́ре идýт.

(*Онú вхóдят в дом.*)

О д ú н и з н а р ó д а

Зачéм онú пришлú?

Д р у г ó й

А вéрно приводúть к прися́ге Феóдора Годунóва.

Т р é т и й

В сáмом дéле? — слы́шишь, какóй в дóме шум! Тревóга, дерýтся...

Н а р ó д

Слы́шишь? визг! — это жéнский гóлос — взойдём! — Двéри зáперты — крúки замóлкли.
(*Отворя́ются двéри. Мосáльский явля́ется на крыльцé.*)

М о с á л ь с к и й

Нарóд! Мáрия Годунóва и сын её Феóдор отравúли себя́ я́дом. Мы вúдели их мёртвые трýпы. (*Нарóд в ýжасе молчúт.*) Что ж вы молчúте? кричúте: да здрáвствует царь Димúтрий Ивáнович!

Нарóд *безмолвствует.* [123]

конéц.

NOTES AND HISTORICAL COMMENTARY

Running numerals indicate notes directed at intrinsic understanding of the text. Running Latin letters indicate comments on the historical background of the play.

1   In Old Russian (and still in some dialects) -ся appears even after a vowel (where the literary idiom today has always -сь). In poetry (especially folk poetry) -ся alternates freely with -сь to accomodate the metre.

2   The short form of the adjective is used attributively in Old Russian and in poetic language (especially the language of folk poetry).

3   Poetic inversion for над скорбною душой Правителя. Unusual word order for the sake of poetic emphasis occurs frequently in *Boris Godunov*.

4   See note 1.

5   Popular ("substandard") for куда. Here it means "out of the question!"

6   "The moment it is time to cry he has stopped (crying);" и remains untranslated, being here, as quite often, emphatic particle rather than conjunction.

7   вот я тебя! — idiomatic: "I'll show you!" or "I'll teach you!"

8   Partitive genitive.

9   Partitive genitive plur.

10 Idiomatic: "The crown is his!" Similarly за ним победа, "the victory is his," etc.

11 Another example of emphatic inversion: священное and благословенье gain emphasis at the expense of власть — which is precisely the effect Godunov seeks.

12   Tautological compounds are very popular in Russian, especially in the language of folk poetry, e. g., путь-доро́га, ум-ра́зум, го́ре-злосча́стие.

13   For the sake of metre, Pushkin has slightly modified the ecclesiastic formula ны́не и при́сно и во ве́ки веко́в.

14   The metre suggests this accent; today only три ра́за is used.

15   A rather awkward enjambement, not justified by the natural sentence intonation. Consider it a rare exception.

16   двор и ро́скошь — a rather stilted poetic hendiadys for роско́шный двор.

17   Note the rhyme in the last four lines. There are several other instances of consecutive rhymed lines in *Boris Godunov*, but they seem to follow no specific pattern and, with one exception (see note 80), appear to be inconsequential.

18   В подо́бии мона́шеских трудо́в is a kind of *abstractum pro concreto*: "by imitating monkish labors."

19   See note 2.

20   "We shall never see another Czar like he was."

21   Here in the *ecclesiastic* sense of "obedience."

22   И вмиг его́ не ста́ло — idiomatic: "and in a moment he was no more."

23   See note 2.

24   доно́с ужа́сный пи́шет is figurative speech; доно́с is a denunciation (such as one submitted to the authorities by an informer, or spy), but Pimen writes his denunciation to the tribunal of history, not to any worldly authority. It ought to be mentioned that Old Russian chronicles, in spite of the chroniclers' frequent protestations of strict objectivity (often quite in Pimen's style), generally have quite obvious political preferences. The practice of rewriting history to suit a new ruler was not uncommon.

25 See note 1. The expression грамота далася ему is used "etymologically" here, to produce a *bon-mot*. Normally it would be translated "learning came to him (easily, hard, etc.)." Here, of course: "Learning was not given him by God."

26 Idiomatic expression, meaning: "Heaven beware us of those scholars!"

27 Ironic.

28 Godunov's first great monologue. Pushkin accepts the conventional form of the monologue (and also the "aside") unquestioningly, and makes liberal use of both.

29 The first denunciation of the people as foolish, changeable, and thankless — but then Godunov is bitter and his opinion need not be Pushkin's.

30 Ironic: "So there's the justice of the mob: would you care to seek their love?"

31 "Whoever may die..."

32 "Why shouldn't there be?" (i. e., "surely there is!").

33 A proverbial phrase meaning as much as "it's all the same to me."

34 Father Varlaam is a great punner and a master at improvising catchy little jingles. Father Misail, a quiet fellow, greatly admires him for that.

35 A pun based on the near homonymy of подтягивать, "to sing along," and потягивать, "to sip".

36 A proverbial expression meaning as much as "I can't stop you (from doing as you like)." Russian popular speech is very fond of paronymous expressions such as this. Cf. note 51.

37 Note the rhymes in Varlaam's tirade!

38 The скоморохи (travelling players) were at all times persecuted by the clergy. There is an unwitting irony about Varlaam's words: here he is, himself a поп, acting the part of скоморох! The situation is, however, true to life: much as in Western Europe, mendicant

friars often could be hardly distinguished from скоморóхи and just plain vagabonds.

39 Idiomatic: "Keep your own counsel."

40 "Insisted on becoming friends," or "sought our company perforce."

41 It is this kind of shockingly vulgar language that caused the indignation of some of Pushkin's early critics.

42 Rapping the bottom of the cup to get the waiter's attention to order another cup.

43 Idiomatic: "There will be profit in this."

44 A subtlety! сы́не is an incorrect vocative form of сын, the correct being сы́ну. The semi-literate Varlaam puts on a show of "fine ecclesiastic language" to impress the police officers. Of course he "murders" the Church Slavonic idiom in the process. He relapses into the pure vernacular after a few phrases.

45 Another blunder! на язы́ки зéмные (or even better: на язы́кы зéмныя) would have been correct, язы́цы зéмнии being the nominative form.

46 Correct Church Slavonic form, for a change (now три дня).

47 It was customary in Muscovy to use a pejorative diminutive form of the given name in references to enemies, criminals, traitors, etc. One also used such form of one's own name when addressing a superior, but especially the Czar.

48 The woman sizes up the situation correctly: the gendarms are trying to "shake down" the friars, using the Czar's letter for a pretext.

49 не вся́ко слóво в строкý пи́шется means as much as "you have to read between the lines also." In Old Russian manuscripts the ти́тло, "superscription, title," is most common: so one had to read "above" (and "below") the lines. Here, we have a metaphor of course. One of the several clever barbs which together account

for the ironic effect of this sparkling little satire on "clergy" and "administration" in Old Russia.

50 "I wouldn't have ever thought so, ever guessed it!" The tautological use of two nearly synonymous verbs is very common in popular Russian, e. g., жил-был, не знаю не ве́даю, бить-ударя́ть. Cf. note 12.

51 Cf. note 36.

52 Iteratives of this type are no longer common in literary Russian. In Pushkin's days they still were used quite regularly. The iterative form (normally used in the past tense only) has these main functions: a) it indicates repeated action in the past, b) it indicates an action or condition of the remote past (давнопроше́дшее вре́мя), c) it acts as a pluperfect.

53 Church Slavonic vocative.

54 Archaic acc. plur. (now враго́в). Today one would say побе́ду над врага́ми.

55 The flowery panegyric of this "official" prayer stands in ironic contrast to Shuisky's actual attitude toward the Czar (which we already know well), and the dark clouds which are gathering over his head (of which we shall presently hear). The prayer very closely follows the text (given by Karamzin) of an official prayer Godunov had ordered to be read by all his subjects at their social gatherings.

56 "If you could, you'd do nothing but listen in to what your masters have to say." The infinitive with бы expresses an unfulfilled desire.

57 The inversion in Стра́нную племя́нник пи́шет но́вость emphasizes the word стра́нную and is not "poetic license," but could have occurred in ordinary oral discourse.

58 Inversion for прове́дав его́ та́йну.

59 The dative-with-infinitive construction observed here is a fairly common pattern, especially in spoken Russian; it suggests a solemn, emphatic, or categoric statement, usually referring to the future. The metaphor used here

117

is known in English also, e. g., "a political storm is brewing..."

60   не к но́чи сказа́ть (ог будь ска́зано) is an idiomatic expression used when bringing up something one would not like to dream about. In this case Pushkin alludes to the bloody persecutions of the nobility under Ivan IV.

61   Литва́, "the Lithuanians," is here metonymy for "mortal enemy."

62   "Nothing but tongues, ready to betray you."

63   Preposition repetition of this type is a feature typical of leisurely colloquial usage; it is very common in the language of folk poetry.

64   See note (z) for background information. The words of Xenia and her nurse are stylized to resemble the diction of the laments (плач, запла́чка) of Russian folk poetry. Note the peculiar imagery, the diminutives, and the lyric syntax. To a Russian audience, familiar with the beautiful princess's sad fate, this scene has a deeply melancholy appeal. A "Lament of Princess Xenia Borisovna" is among the Russian popular songs recorded by the Englishman Richard James in 1619—1620.

65   и is not a conjunction here, but rather an emphatic particle: "But Princess..." Ordinarily да is used in such context.

66   Note the energetic imperative infinitive.

67   The Russian impersonal construction must be rendered by a personal construction such as "I have sent my men in pursuit," or "He is being pursued and will be brought back."

68   A subjective note. Cf. Pushkin's Моя́ родосло́вная (1830), where he calls his family stubborn, indomitable, and rugged (суро́вый).

69   Note that Pushkin prefers the colloquial relative pronoun что (used for all three genders, singular and plural) to the cumbersome literary кото́рый.

70   Obviously an "aside". Pushkin makes liberal use of this convention of the stage. In this instance, the aside may involve an ambiguity: the fact that the Czar knows about the courier is perhaps not as much of a surprise to the crafty Shuisky as he wishes the Czar to believe.

71   This denunciation of the people — according to some interpretations, the "hero" of the play — could be considered ambiguous, as it comes from the sly Shuisky who, especially at this moment, is everything but sincere.

72   Note the rhyme.

73   See note 59.

74   Another aside.

75   The aposiopesis suggests that Godunov starts saying "...что отрока сего убили," then quickly recovers.

76   Ivan the Terrible.

77   Inversion: "the deep wound would not clot."

78   sc. идёт (идти на врага, "to march on the enemy").

79   "Hat of (Vladimir) Monomakh," much as the Hungarian crown is called "Crown of St. Stephen," or the Bohemian crown "Crown of St. Venceslas."

80   Note the rhyme in the last four lines. This being the spectacular conclusion of a great monologue, the rhyme seems intentional and justified.

81   Today лет is normally used as the gen. plur. of год.

82   The pompous вспомоществуй immediately "labels" the priest as an unctuous casuist, святый Игнатий identifies him as a Jesuit. The Jesuits stood, in the eyes of a child of 18th century enlightenment such as Pushkin, for all that was, in his opinion, evil and sinister about the Roman Catholic Church.

83   The hyperbaton with enjambement in небесной благодати... семена reminds one of Latin rhetoric — which is the impression Pushkin wants to achieve.

84   моего is the logical object of злодея: "he who did *me* wrong, treacherously."

85 Could be poetic hendiadys: "armed service, service at arms." But could also be taken literally: Karamzin relates that many of Dimitry's followers were anything but gentlemen of honor, or even honest soldiers of fortune, and reported to the Pretender's camp in rags and unarmed, demanding to be clothed and armed.

86 "injuries which he suffered."

87 Inversion: "He remembered the native land of his youth."

88 "from the Cossacks on the Upper and the Lower Don."

89 ясны óчи is a stock expression of Russian folk poetry. The Cossack envoy is using flowery, rhetorical language. Note the difference between the humble, servile attitude of Khrushchov, the Muscovite, and the proud, independent spirit of the Cossack chieftain.

90 егóж is a form of the Church Slavonic relative pronoun úже, яже, éже (gen. егóже, еáже, егóже, *etc.*). Note how the Pretender changes the style of his speech depending upon whom he is addressing. His words to the poet give one a pretty good idea of what the poem itself may be like!

91 For вечéрняя заря́. Cf. note 2.

92 "But it is not you who has a right to condemn me."

93 Either hyperbaton or hypallage: the normal word order would be из усéрдия вéрного слуги́, unless one assumes that вéрного refers, grammatically at least, to усéрдия. This stilted verbiage fits Marina's mockery well.

94 Inversion: "that you alone..."

95 The popular form надёжа (instead of the literary надéжда) and the folk-style compound in which it appears suggest that Dimitry is indeed the *people's* hope.

96 разыгрáлась is present perfect: "is running high."

97 нам is *plurale maiestatis*.

98 Inversion: "We have enough armed men of our own."

99	Note the stress: пройдёт. The Church Slavonic (hortative) imperative differs from the indicative form which appears in the next line.
100	"It is six years since."
101	A rather strange inversion for у гробовой доски царевича.
102	"Who am I to judge it?"
103	The Frenchman's mispronunciation for пошёл.
104	The pun *quoi? quoi?* — квакать is untranslatable, of course.
105	Novgorod Seversky. See the earlier battle scene.
106	*Concretum pro abstracto* (for тем, что ранен был М.).
107	Ironic.
108	"You might get as many as fifty thousand."
109	*sc.* (слово) говоришь — like in English: "Empty words!"
110	Note the stress: москалей. The proper Russian stress is москалей, but in Polish the stress is always on the penultimate, and Pushkin engages in a bit of linguistic stylization.
111	An oxymoron which Pushkin liked to apply to the high society of his own day.
112	"among the boyars."
113	The usual ceremony of swearing allegiance.
114	"Some women faint and are carried out."
115	"more lawful" (or "the most lawful"). Pushkin uses clever sophistry to give Basmanov an acceptable pretext to forsake his pledge of allegiance to the young Czar.
116	Ungrammatical: should be сёла.
117	"Won't it be better if you were the first to give a sensible example."
118	"Won't it be better... if I myself..."
119	See note 84.
120	An allusion to Godunov's Tartar origin.
121	"escorted by a formidable force."
122	Ironic: "There's really somebody to feel sorry for!"

123   In the original draft Pushkin let the crowd shout: да
       здравствует царь Димитрий Иванович! This ending,
       according to D. S. Mirsky, "expressive of Pushkin's
       strong (and Shakespearean) anti-democratic feeling,"
       was deemed immoral by Nicholas I and replaced, on
       his demand, by the direction Народ безмолвствует.
       Many critics believe that this actually gave a more
       effective end to the play.

a)   N. M. Karamzin (1766—1826), author of the monu-
       mental *История государства российского*, which had
       inspired Pushkin to write his play.

b)   Czar Feodor's wife, Irina, was Boris Godunov's sister.

c)   Godunov had been regent and de facto ruler even under
       Czar Feodor.

d)   Karamzin relates that Nikifor Chepchugov, among
       others, refused to become the instrument of Godunov's
       plot to remove the Czarevitch and was thereafter per-
       secuted by the then regent. Note the imperfective
       aspect of the verb: "was trying to bribe," not "bribed."

e)   Mikhailo Bitiagovsky and his son Danilo, Nikita Kacha-
       lov, and several other men known to be close to Go-
       dunov had been dispatched to Uglich by the latter,
       ostensibly to deal with the Nagoi family, in particular
       Mikhailo Nagoi, brother of the ex-Czarina, who had
       become too powerful in Uglich and had made defiant
       gestures toward Moscow. Upon Dimitry's death they
       were all lynched by an angry mob of Uglich townspeople.

f)   It was then customary to remove political opponents
       of noble blood to a far-off monastery. Thus, in 1601,
       hundreds of boyars suspected to be against Godunov
       were banished and many of them imprisoned in vari-
       ous remote monasteries. The most prominent of them
       was Feodor Romanov, whom Godunov forced to take
       holy orders at Siisk monastery on the Northern Dvina.
       Feodor Romanov later became Metropolitan of Rostov

and Patriarch of All Russia (under his religious name Filaret.) He was the father of Czar Mikhail Romanov (1613—1645).

g) Ivan Petrovich and Andrei Ivanovich Shuisky, according to the chroniclers, were secretly put to death, after the whole family had been convicted of conspiracy against Czar Feodor (i. e., Godunov) in 1587 and most of its members banished to different monasteries.

h) Godunov was supposed to have been descended from a certain Tartar prince who came to serve Ivan I ("Kalita") in the first half of the 14th century. The Godunovs had been for generations free servants of the Grand Dukes of Muscovy. But Boris was the first Godunov to be made a boyar. The Czarina, Mariia Godunova, was in fact the daughter of Grigory Luk'ianovich Skuratov-Bel'sky, nicknamed Maliuta, longtime favourite of Ivan IV and the most notorious of the *oprichniki.*

i) Vladimir Monomakh (1113—1125), Grand Duke of Kiev, from whom the Grand Dukes of Muscovy descended in direct line.

j) Theoretically at least, every Russian boyar who bore the title князь was descended from Riurik the Varangian who, according to tradition, founded the Russian state around A. D. 862. His blood was therefore as noble as that of the ruling dynasty.

k) See note (j).

l) After the decline of the Grand Duchy of Kiev in the 12th century Russia was, for a long time, split into many loosely federated principalities, or appanages. With the rise of Muscovy (starting in the 14th century) more and more of the appanages were gradually incorporated into the Grand Duchy of Moscow. Ivan IV did away with the last vestiges of former independence everywhere.

m) The icons known as Богома́терь Влади́мирская (Notre Dame of Vladimir) and Богома́терь Донска́я (Notre Dame of the Don) were the most famous among the many icons to which miraculous powers were attributed. This detail, along with many others, is taken from Karamzin.

n) See note (b).

o) A convent near Moscow to which the widow of Czar Feodor, Godunov's sister Irina, had retired to become a nun under the name Alexandra. She died there in 1603.

p) Quite typically for the whole play, even this rather trivial detail is taken from Karamzin.

q) He means Ivan III (1462—1505) and Ivan IV (1533—1584). Ангел-царь is Feodor (1584—1598), of course.

r) A monastery near Moscow. A monk named Pimen (not of Chudov monastery) was actually questioned in connection with the case of Grigory Otrep'iev. However, the image of Pimen in *Boris Godunov* is entirely Pushkin's.

s) The memory of the democratic institutions of medieval Russia, in particular the ве́че of Novgorod, was reborn in Russia in connection with the surge of republicanism in the late 18th century. Iakov Kniazhnin's (1742—1791) play *Vadim of Novgorod* was applauded by many as a tribute to ancient freedom.

t) Kazan on the Volga, capital of the Khanate of Kazan, was taken by Ivan IV in 1552.

u) The reference is to Ivan Petrovich Shuisky, leader of the staunch defence of Pskov against King Stephen Báthory of Poland in 1581. See also note (g).

v) Uglich, ca. 150 miles N of Moscow, on the Volga, the city where Dimitry was murdered.

w) Pimen's description of the lynching of Dimitry's accused murderers again closely follows Karamzin. For instance, Karamzin also mentions both the honest кормúлица, Irina Zhdanova, and the evil ма́мка, Vasilisa Volokhova. According to the Nagoi version of the tragedy (which Karamzin, and Pushkin, tend to accept), Vasilisa Volokhova's son Osip was the boy who picked a quarrel with the Czarevitch and stabbed him. Danilo Bitiagovsky and Nikita Kachalov then were said to have finished him off.

x) Job (Iov), first Patriarch of Russia (1589—1605).

y) When the Pretender first appeared, Boris Godunov immediately established the official version of his identity as Iury Otrep'iev. His father Bogdan-Iakov, of an obscure Galician family, had been an officer of the musketeers (стрелецкий сотник). He was stabbed to death in a drunken brawl when Iury was still a child. The boy soon entered a monastery and took holy vows (under the name of Grigory) while still a youth. After having wandered from one monastery to the other for a few years, he finally found haven in Chudov monastery, where his grandfather, a monk there for many years, took him under his wing. Incidentally, this scene is also largely based on Karamzin. Grigory Otrep'iev was actually formally charged with "heresy." The subtle irony of the scene, however, is entirely Pushkin's.

z) Duke John, younger brother of King Christian of Denmark, had come to Russia to wed Xenia Godunov, but died of a sudden illness in 1602, less than three months after his arrival, and before the marriage was consummated.

aa) Historical Lithuania is something very different from the political unit bearing that name today. The Grand Duchy of Lithuania covered a vast area. Only a small part of its populace spoke Lithuanian (a non-Slavic language), as it covered all of what is today White Ruthenia, and part of today's Ukraine. In 1386 Grand Duke Jagiello of Lithuania married Jadwiga, heiress to the Polish throne, and the two nations became a

125

commonwealth. Even after the Union of Lublin (1569), which strengthened their ties, Poland and Lithuania retained separate laws, administrations, treasuries, and even armies. The Lithuanian gentry, however, had become thoroughly polonized by 1600.

bb) Even Misail and Varlaam are taken from Karamzin. Both were monks of Chudov monastery who joined Otrep'iev in his flight.

cc) Historically Evstafy Mikhailovich Pushkin, a personage mentioned repeatedly by Karamzin. Gavrila Pushkin, too, is a historical personage, even though the poet has somewhat increased his role and stature.

dd) Adam Wisniowiecki, Polish magnate, at whose Brahin residence, in the Polish Ukraine, Dimitry first revealed his "true" identity.

ee) King Sigismund III of Poland.

ff) During Ivan IV's reign of terror, and also under Godunov, a number of Muscovite nobles had sought asylum in the Polish-Lithuanian Commonwealth, Muscovy's traditional enemy.

gg) Karamzin relates that one boyar, Dmitry Shevyriov, whom Ivan the Terrible had impaled, in spite of suffering on the stake for a whole day, never lost his composure but kept singing religious hymns until he died.

hh) Apparently a bow to the ruling dynasty (a vestige of the court drama ?). The Romanovs, indeed one of the most prominent boyar families, had suffered under Godunov as much as any noble family. All adult male members of the family were exiled. According to Karamzin, Prince Ivan Sicky had been strangled in a monastery cell, Ivan Romanov delivered to death by starvation.

ii) On St. George's day (November 26) servants were hired or dismissed, contracts (between landlord and tenant) renewed or cancelled. Godunov passed some measures to tie the peasant to the land he was working, thus burdening the landlord with the permanent responsibility for the peasant.

jj) A map of Russia was published under the name of the Czarevitch by a German geographer in 1614, reports Karamzin.

kk) Next to Boris, Semion Godunov was the most prominent — and the most hated — member of the large Godunov clan. He was generally considered to be the Czar's watchdog and executioner. After the fall of the Godunovs he was starved to death in an underground dungeon.

ll) The Jesuits definitely had a hand in Dimitry's venture. It is also historically correct that he made large promises to the Catholic clerics and to the Polish magnates who supported him. When he became Czar he kept some of these promises, but went back on others. In his short reign he certainly gave no sign about seriously meaning to recognize the primate of the Pope over the Russian Church.

mm) This is one of the very few imaginary personages in the play.

nn) Prince Andrei Kurbsky had distinguished himself during the siege and capture of Kazan. He certainly was one of Ivan's most capable generals. Later he became at odds with the Czar and in 1564 went over to the Poles, who gave him a command in their army. Kurbsky's correspondence with Ivan the Terrible, in which both state eloquently their respective political views, is famous. Kurbsky, a brilliantly educated man, finished his life in scholarly seclusion.

oo) Pskov, the native city of St. Olga, wife of Grand Duke Igor of Kiev and, after the latter's death, regent (945 — 962) for her son Sviatoslav.

pp) King Stephen Báthory (1575 — 1586).

qq) Krushchov is a historical figure. He had been sent to the Don Cossacks by Godunov. They seized him and turned him over to the Pretender. He then swore allegiance to Dimitry.

rr)   The Don, Dnieper, and Ural Cossacks, on the frontiers of the Muscovite empire, were then still vassals rather than subjects of the Czar. Andrei Karela and Mikhailo Nezhakozh were two Cossack chieftains who offered their services to the Pretender.

ss)   See notes (t) and (nn).

tt)   The remains of the Czarevitch were eventually returned to Moscow in 1606, during the reign of Vasily Shuisky, much for the reasons suggested here by Iov.

uu)   The first part of this bon-mot is taken directly from Margeret's text. Here is what the Captain says in his account of the battle: "Enfin l'on eust dit que les Russes n'auoient point de bras pour frapper, nonobstant qu'ils fussent de quarente à cinquante mil hommes." Walter Rosen, too, is a historical personage.

vv)   The scene with the юродивый is based largely on information (quoted by Karamzin) from an account by Dr. Giles Fletcher, entitled *Of the Russe Commonwealth*. Fletcher became ambassador to Moscow in 1588.

ww)   Piotr Basmanov, of obscure lineage, was the son of Fiodor Basmanov, infamous favourite of Ivan IV. He was the most competent military leader available to Godunov. Initially, Prince Fiodor Mstislavsky, a weak man and mediocre general, commanded Godunov's army against the Pretender.

xx)   See note (q).

yy)   Feodor Borisovich Godunov, of course.

VOCABULARY

All words occurring in the text are given, except the personal and possessive pronouns. The demonstrative pronouns тот and śтот, as well as the interrogative pronoun кто, что are given in the nominative case only; the forms of their oblique cases are not given.

Regularly formed adverbs in -o are not given if the adjective, as given, has the same meaning. Short forms of the adjective, as well as comparative/superlative forms are given only whenever there might be a difficulty in proper identification of the form.

Proper names and place names the English form of which is a simple transliteration of the Russian form are not given.

The gen. sing. (and sometimes the nom. and gen. plur.) of nouns is given only in case of irregular declension, and usually only if an oblique case form actually occurs in the text. Highly irregular forms are also given separately.

The aspect of a verb is always indicated. In the case of binary verbs the perfective forms are always given first, and are separated from the imperfective forms by a slash, e. g. угостить (угощу, угостишь)/угощать. Whenever present and infinitive stem of a verb do not coincide completely, the first and second person sing. of the present tense are given in parentheses, after the infinitive. If a verb is normally used in the third person only, the third person sing. is given instead. Irregular forms of the past tense, imperative, and participles are given as separate entries, referring to the infinitive form. Only forms that actually occur in the text are given. Forms of the present tense are also given as separate entries if their identification with the proper infinitive form might cause some difficulty.

Separate listings of oblique case forms and finite forms of the verb are sometimes omitted, if the irregularity is so slight that no other entry would separate the form in question from the nom. sing. or infinitive given in the vocabulary.

Accentuation follows the Academy dictionary. In cases of doubt, the contemporary rather than the presumed Pushkinian usage has been followed, e. g., протёк rather than протéк.

This is a vocabulary, designed for the sole purpose of understanding the text of *Boris Godunov*, and not a dictionary. The English meaning given in each case is, as a matter of principle, the meaning found in the Russian text of *Boris Godunov*. Therefore, a secondary, or even a rare meaning may be given, while the primary meaning has been omitted. In some cases where an awareness of the primary meaning seemed to be conducive to a better understanding of the actual meaning, the primary meaning has been given also, even though it is not the meaning in the text.

In the case where a Russian entry occurs in several different meanings, or with different connotations, a semicolon separates the English translations.

Abbreviations used:

acc.	accusative case
adj.	adjective
adv.	adverb
arch.	archaism; a word or form which already in Pushkin's days was suggestive of the historical past
coll.	colloquialism
comp.	comparative
conj.	conjunction
dat.	dative case
dem.	demonstrative
dial.	dialectal expression
dim.	diminutive
eccl.	ecclesiastic language
f.	feminine
gen.	genitive case

hist.	historical; an expression used today only with reference to the historical past (such as the names of ancient institutions, social categories, and political units).
imperf.	imperfective verb
impers.	impersonal
instr.	instrumental case
intrans.	intransitive
lit.	literally
m.	masculine
n.	neuter
perf.	perfective verb
plur.	plural
poet.	poetic language
predic.	predicative; used predicatively
prep.	preposition
pron.	pronoun
sing.	singular
sup.	superlative
trans.	transitive
vulg.	vulgarism ("substandard speech")
w.	with; used with

а (*conj.*) and; but
а (*particle*) eh? what?
агý *interj.* (*used in addressing an infant*)
Алёха *short for* Алексéй
áли *arch. & vulg.* or
áлкать (áлчу, áлчешь) *imperf.* (*arch.*) to hunger
аллéя parkway
амвóн ambo, speaker's chair, pulpit
амúнь *eccl.* amen
ан *vulg.* and so, so then
анáфема *eccl.* anathema
áнгел angel
Архáнгельский *adj. to* архáнгел archangel
атамáн *hist.* Cossack chieftain
ах *interj.* oh

б *see* бы
ба (*interj. indicating surprise*) oh
бáба a woman (of the people)
бáбушка grandmother, grandmamma, granny
бáловень (*gen.* бáловня) pet, spoiled child
барабáн drum
бáрмы (*gen.* барм) *hist.* regal robe
бáрхатный velvety, velvet-smooth
бáсня fable, fiction, fabrication
басурмáн infidel, Mohammedan (*corrupted popular form of* мусульмáнин Moslem)
бáшня tower
беглéц fugitive, runaway, refugee
бéглый fugitive, runaway
бегý *see* бежáть

бедá trouble, misfortune, calamity
бедá! woe is me!
бéдный poor
бéдствие calamity, disaster; suffering
бежáть (бегý, бежúшь) *imperf.* to run; to flee
без *prep.* without
безбóжник godless man, atheist
безбóжный godless
безвúнный guiltless, innocent
безвлáстный powerless, lacking authority; безвлáстный трон a throne (left) vacant
безврéменный untimely, premature
безгрéшный sinless, free from sin
беззакóние lawlessness, lawless action
безмóзглый brainless
безмóлвный silent, mute
безмóлвствовать (безмóлвствую, безмóлвствуешь) *imperf.* to keep silent
безмятéжный serene, quiet, tranquil
безýмец (*gen.* безýмца) madman
безýмный mad
безýмство madness
безымя́нный nameless, anonymous
бес demon, devil
бесéда conversation, talk
бесéдовать (бесéдую, бесéдуешь) *imperf.* to converse
бесёнок (*plur.* бесеня́та) imp, little devil
бесновáться (беснýюсь, беснýешься) *imperf.* to rave, to rage (like one possessed)

бесо́вский devilish, of the devil
беспа́мятство unconsciousness
беспе́чный carefree, lighthearted
беспоря́док (*gen.* **беспоря́дка**) disorder
бессмы́сленный senseless, foolish
бесстра́стный dispassionate
бессты́дность shamelessness, audacity
бессты́дный shameless, audacious
бесце́нный priceless
бесче́стие/бесче́стье
бесче́стье dishonour; disgrace
би́тва battle
битко́м *adv. see under* **наби́ть**
бить (бью, бьёшь) *imperf.* to beat, to strike **бить чело́м** to bow to the ground
благогове́ние reverence
благодари́ть (благодарю́, благодари́шь) *imperf.* to thank, to be grateful
благода́рность *f.* gratitude
благода́тный beneficial; benevolent
благода́ть *f.* (*eccl.*) grace
благо́й good
благоразу́мный sensible, reasonable
благоро́дный noble
благоскло́нный favourable, gracious
благослове́нье blessing, benediction
благослови́ть (благословлю́, благослови́шь)/благословля́ть to bless, to consecrate, to give one's blessing
благослови́ться/благословля́ться *passive of* **благослови́ть/благословля́ть**
благоуха́нье fragrance, perfume
благочести́вый pious
блаже́нный blissful, blessed; simple; (*noun*) God's fool
блаже́нство bliss, beatitude, felicity
бледне́ть *see* **побледне́ть**
бле́дный pale
блеск brilliance, lustre, glitter
блесну́ть *perf.* to flash

близ *prep.* near
бли́зкий near
блиста́ть *imperf.* to shine, to be conspicuous
Бог God
бога́тство wealth
богомо́лец (*gen.* **богомо́льца**) *noun* religious (man), one who spends his life in prayer
богомо́льный devout
Богоро́дица Our Lady, the Virgin
бо́дрый cheerful, lively, brisk
боево́й *adj. to* **бой**
Бо́же (*vocative case of* **Бог**) Oh Lord!
Бо́жий *adj. to* **Бог**
бой battle
бо́йся, бо́йтесь *imperative of* **боя́ться**
бо́ле (*adv.*) *arch.* more (*now* **бо́лее**)
бо́лее more
боле́знь *f.* illness, sickness
боло́то swamp, bog, morass, marsh
бо́льно *adv.* painfully
бо́льше more
бор pine forest
бо́рзый swift, fleet-footed
борода́ (*acc.* **бо́роду**) beard
борода́вка wart
боязли́вый timid, timorous
боя́рин (*plur.* **боя́ре**) boyar
боя́рский *adj. to* **боя́рин; боя́рские де́ти** *hist.* the country gentry, subject to military and civil service
боя́рство *hist.* the boyars
боя́ться (бою́сь, бои́шься) *imperf.* to be afraid, to fear
бразда́ (*usually used in the plur.*) bit (of a bridle); rein
брак marriage, matrimony
брань *f.* (*arch. & poet.*) battle
брат (*plur.* **бра́тья**) brother **наш брат** our kind
бра́тец (*gen.* **бра́тца**) *dim. of* **брат**
бра́тия = **бра́тья**
бра́тский brotherly, fraternal
бра́тья brotherhood, fraternity; *eccl.* fraternity of monks (in a monastery)

брáчный *adj. to* брак
бродúть (брожý, брóдишь) *imperf.*
to roam, to rove, to move around
бродя́га tramp, vagrant
брóсить (брóшу, брóсишь)/бросáть
to throw, to fling
брóситься (брóшусь, брóсишься)/
бросáться to fling oneself, to
rush, to fly
брю́хо belly
бýдто *conj.* as if
бýду, бýдешь, *etc. future tense of*
быть
будь *imperative of* быть
бýйный turbulent, wild, unbridled
бýка bogyman
бумáга paper
бунтовщúк rebel, insurgent
бунчýк *hist.* Cossack banner
бýрный stormy, violent
бýря storm
буты́лка bottle
бы *particle used to form the subjunc-
tive mood*
бы́ло *(particle)* nearly, almost
быстротекýщий *poet.* fleeting, tran-
sient
бы́стрый fast, speedy
быть to be; как быть? what shall
one do? так и быть so be it
бью, бьёшь *see* бить

в *prep.* in, into
вáжный important
Варя́г Varangian
вблизú *adv.* near by, close by
ввестú (введý, введёшь)/вводúть
(ввожý, ввóдишь) to introduce,
to bring in, to show (somebody) in
ввечерý *(now* вéчером) *adv.* in the
evening, at night
вводúть *see* ввестú
вдвоём *adv.* (the) two (of us) together
вдовúца *(arch. for* вдовá) widow
вдовствó widowhood
вдохновéнный inspired

вдруг suddenly; at once
вéдать *imperf. (arch.)* to survey; to
know
ведý *see* вестú
ведь *(particle)* isn't it; why; you
know
вездé everywhere
век century, aeon
вековóй ancient, age-old
вёл, велá *past tense of* вестú
велéть (велю́, велúшь) *perf. & imperf.* to order, to give orders, to
tell вéлено it has been ordered не
вéлено it has been prohibited, it is
not allowed
вéлий *arch. (Church Slavonic) for*
велúкий
велúкий great; велúкий князь Grand
Duke
великорóдный *arch.* highborn
величáвый majestic, magnanimous
вельмóжа magnate, dignitary
венгéрский Hungarian венгéрское
(sc. винó) Hungarian wine
венéц *(arch.)* crown
венценóсец *(gen.* венценóсца) monarch, sovereign
верúги *(f., plur.)* chains (worn by
ascetics as an act of penance)
вéрить *see* повéрить
вернéй = вернéе *comparative of*
вéрно
вéрно *adv.* surely
вéрный true, faithful, reliable
вéровать (вéрую, вéруешь) *imperf.*
to believe
верхáми *(plur. of* верхóм) on horseback
верхóвный *(adj.)* chief, head верхóвный дьяк chief clerk верхóв-
ная власть the highest power
верхóвый *(now* верховóй) upper,
up-river
верхóм *adv.* on horseback
веселúть *imperf.* to gladden, to cheer

веселиться *imperf.* to make merry, to be of good cheer, to be in high spirits
весёлый merry, gay, lively
весёлье mirth, merriment, hilarity; *arch.* joy, good cheer
вести (веду́, ведёшь) *imperf.* to lead, to conduct; to carry on; to keep (a record)
вестимо *adv.* (*dial.*) of course
весть *f.* news, piece of news, tidings
весь, вся, всё all
весьма́ very, exceedingly
ветвь *f.* branch
ве́тер wind
ветеро́к (*gen.* ветерка́) *dim. of* ве́тер
ве́трено *adv.* frivolously, thoughtlessly, temerously
ве́тхий *arch.* ancient
ве́че *hist.* vetche (popular assemby in ancient Russia)
ве́чер evening
вече́рний *adj. to* ве́чер
ве́чный eternal, everlasting ве́чно forever
вечо́р *arch. & vulg.* last night
веща́ть *imperf.* (*arch.*) to announce, to pronounce
вещь *f.* thing
вздохну́ть/вздыха́ть to sigh
вздыха́ть *see* вздохну́ть
взойти́ (взойду́, взойдёшь) *perf.* to ascend; to rise
взор glance
взы́дет *arch. for* взойдёт
взять (возьму́, возьмёшь) *perf.* to take
вид aspect, appearance, look
вида́ть (*now only coll.*) *iterative form of* ви́деть to see (*past tense only*)
виде́ние *and* виде́нье vision, apparition
ви́деть (ви́жу, ви́дишь) *imperf.* to see
ви́деться (ви́дится) *imperf.* to be visible, to appear
ви́дно *adv.* apparently, it seems

ви́дный visible, conspicuous
виётся *arch. for* вьётся (*see* виться)
ви́жу *see* ви́деть
визг scream, squeal
вина́ fault, guilt
вино́ wine, liquor
винова́тый guilty
вино́вник culprit, guilty of a crime, perpetrator of a crime; initiator, originator
вино́вный guilty
ви́ться (вьюсь, вьёшься) *imperf.* to twine, to curl, to meander; to twist
ви́тязь *m.* (*arch. & poet.*) hero, champion
владе́ть *imperf.* (*w. instr.*) to reign, to master; to wield
Влади́мирский *adj. to* Влади́мир Vladimir (an ancient Russian city)
влады́ка ruler, lord, sovereign; *eccl.* (святы́й) влады́ка (His) Eminence
влады́ко (*arch.*) *vocative case of* влады́ка
влады́чество rule, empire, sway
вла́ствовать (вла́ствую, вла́ствуешь) *imperf.* (*w. instr.*) to rule, to reign
власти́тель lord, ruler
вла́стный imperious, commanding, authoritative; не вла́стны мы we have no authority
власть *f.* power, authority
власяни́ца *arch.* hair-shirt
вле́во *adv.* to the left
влюби́ться (влюблю́сь, влю́бишься)/ влюбля́ться to fall in love
вме́сте together
вмиг *adv.* in a moment, in an instant
вне́млет *see* внять
внизу́ (*adv.*) below, down below
вни́кнуть/вника́ть to go into (a matter), to inquire, to scrutinize
внима́ть *see* внять
вновь anew, once again
внук grandson; descendant
внуше́ние insinuation, suggestion

внять (*past tense & infinitive only*)/
внима́ть (вне́млю, вне́млешь and
внима́ю) *arch.* to listen, to heed
во *see* в
вода́ water
во́дка vodka
воева́ть (вою́ю, вою́ешь) *imperf.* to
fight, to engage in combat, to be
at war
воево́да *hist.* palatine; general
вождь *m.* leader
возвели́чить/возвели́чивать to elevate, to exalt
возврати́ть (возвращу́, возвра-
ти́шь)/ возвраща́ть to return
возврати́ться (возвращу́сь, воз-
врати́шься)/ возвраща́ться to
return
возвы́сить (возвы́шу, возвы́сишь)/
возвыша́ть to raise
воздви́гаться (воздви́жусь, воз-
дви́жешься) *perf.* (*arch.*) to pro-
ceed, to set out, to advance
воздви́гнуть/воздвига́ть to raise
во́здух air
воздыха́ть = вздыха́ть
воззре́ть (воззрю́, воззри́шь)/ взи-
ра́ть *arch.* to look (at), to gaze (at)
возлюби́ть (возлюблю́, возлю́бишь)
perf. (*arch.*) to come to love
возмо́жно (*impers. predic.*) it is possible
возмужа́ть *perf.* to come to man's
estate
возмути́ть (возмущу́, возмути́шь)/
возмуща́ть to trouble, to stir up,
to excite
возмуща́ть *see* возмути́ть
вознести́ (вознесу́, вознесёшь)/
возноси́ть (возношу́, возно́сишь)
to raise, to elevate
возра́доваться (возра́дуюсь, возра-
дуешься) *perf.* (*arch.*) to rejoice
возьмёт *see* взять
во́ин soldier, fighting man; warrior
во́инственный warlike
вой howl, howling, wail

войду́, войдёшь *see* войти́
война́ war
во́йско army, (armed) forces
войти́ (войду́, войдёшь)/входи́ть
(вхожу́, вхо́дишь) to enter
вокру́г *prep. & adv.* around, round
волна́ (*plur.* во́лны) wave
волнова́ть (волну́ю, волну́ешь) *imperf.* to stir, to disturb, to excite,
to agitate
волнова́ться (волну́юсь, волну́-
ешься) *imperf.* to wave, to un-
dulate; to be agitated, to be
disturbed
во́лос (*plur.* волоса́) hair
волочи́ть (волочу́, воло́чишь) *imperf.* to drag
волше́бный magic, enchanting
Волы́ния Volhynia
во́льный free; intentional
во́ля will; freedom ты на во́ле you
are free не на́ша во́ля it is not for
us to decide в по́лной во́ле under
the full authority
вон *adv.* out
воображе́нье imagination
во-пе́рвых *adv.* first (of all)
вопль *m.* outcry, howl, lament, wail
вопро́с question
вор thief; rogue, fraud
ворожи́ть *imperf.* to tell fortunes
во́рон raven
восвоя́си *adv.* home, back where one
came from
во́семь *num.* eight
воскре́снуть/воскреса́ть to rise
from the dead, to be resurrected
вослед за *see* вслед за
воспита́ть/воспи́тывать to rear, to
bring up
воспомина́нье memory
восприму́ *see* восприня́ть
восприня́ть (восприму́, воспри́-
мешь)/воспринима́ть to accept,
to receive
восстанови́ть (востановлю́, вос-
стано́вишь)/ восстана́вливать to

136

re-establish, to reinstate, to re-introduce

восто́рг enthusiasm, rapture, ecstasy; inspiration

восторжествова́ть (восторжеству́ю, восторжеству́ешь) *perf.* to triumph

восхо́д rising, ascent; (sun)rise

вот (*particle*) that is; there вот что that is what вот на! look at that!

вотще́ *adv.* (*arch. & poet.*) in vain

вошёл, вошла́ *past tense of* войти́

впал, впала́ *past tense of* впасть

впасть (впаду́, впадёшь)/впада́ть to fall into, to lapse into

впервой *arch. & dial.* first, for the first time

вперёд *adv.* in advance; forward

впереди́ *adv.* in front

впра́ве *adv.* in the right, entitled (to something)

впро́чем *adv.* however, though

враг enemy, foe; *arch.* fiend, Satan

врагоуго́дник *arch.* devil's disciple

вразуми́ть (вразумлю́, вразуми́шь)/вразумля́ть to enlighten, to make understand, to teach

врать (вру, врёшь) *imperf.* to lie; to talk nonsense

вре́заться (вре́жусь, вре́жешься)/врезаться to cut into, to crash into

вре́мя (*gen.* вре́мени) *n.* time не вре́мя (*w. infinitive*) it is not the time to со вре́менем as time goes along, gradually до вре́мени until the (proper) time comes

вру, врёшь *see* врать

вряд (ли) *adv.* hardly, scarcely

вса́дник horseman

все, всего́ *etc. see* весь, вся, всё

всё (*adv.*) still; always всё ещё still

Всевы́шний the Almighty

всегда́ always, at all times

всего́ *adv.* in all, altogether

всели́ть/вселя́ть to impart, to instil

всенаро́дно *adv.* before (the eyes of) all people, by all the people

всё-таки for all that, still, all the same

вслед(за) *prep.* after

вслух *adv.* aloud

всмотре́ться (всмотрю́сь, всмо́тришься)/всма́триваться to scrutinize, to take a good look

вспо́мнить/вспомина́ть to recall, to remember

вспомоществова́ть (вспомоществу́ю, вспомоществу́ешь) *imperf.* (*arch.*) to help, to aid, to offer assistance

встать (вста́ну, вста́нешь)/встава́ть (встаю́, встаёшь) to stand up, to get up

встрево́жить *perf.* to alarm, to worry

встре́титься (встре́чусь, встре́тишься)/встреча́ться to meet, to get together

вступи́ть (вступлю́, всту́пишь)/вступа́ть to enter; вступи́ть на трон to ascend the throne

вся *f. of* весь

вся́кий *adj.* any, every; *noun* everybody, anybody

вся́кой *dial. for* вся́кий

второй (*numeral*) second

вход entry, entrance

входи́ть *see* войти́

вчера́ *adv.* yesterday

вчера́шний (*adj.*) yesterday's

вы́борный *arch.* elect, chosen, select

вы́дать (вы́дам, вы́дашь)/выдава́ть (выдаю́, выдаёшь) to hand (out), to give (out), to pay; to reveal, to disclose; to turn over (to somebody), to deliver (into somebody's hands)

вы́держать (вы́держу, вы́держишь)/выде́рживать to stand, to endure, to bear

вы́думать/выду́мывать to think up, to concoct, to fabricate

вызвать (вызову, вызовешь)/ вызывать to call out, to challenge

выйти (выйду, выйдешь)/выходить (выхожу, выходишь) to come out, to leave

вымолвить (вымолвлю, вымолвишь) *perf.* to say, to utter, to pronounce

вымолить (вымолю, вымолишь)/ вымаливать to obtain by begging

вымучить/вымучивать to extort

вынести (вынесу, вынесешь)/выносить (выношу, выносишь) to carry out, to bring out; to serve

вынимать *see* вынуть

выносить *see* вынести

вынуть (выну, вынешь)/вынимать to take out, to pull (out)

выпить (выпью, выпьешь)/выпивать to empty a glass, to have a drink, to drink up

выпустить (выпущу, выпустишь)/ выпускать to let out, to release, to let go, to lose hold (of)

вырвать (вырву, вырвешь)/вырывать to pull out, to tear out, to snatch away from

выручить/выручать to come to the rescue, to help out, to get one out of a tight spot

вырывать *see* вырвать

высказать (выскажу, выскажешь)/ высказывать to express, to state, to say

выслать (вышлю, вышлешь)/высылать to send off, to send out

выслушать/выслушивать to hear out, to hear to the end, to listen (to)

высокий high; lofty

высота height

выставить (выставлю, выставишь)/ выставлять to bring out, to put forward; to set up

выстрел shot

выстроить *perf.* to build

выступить (выступлю, выступишь)/ выступать to step forward; to set out

высушить/высушивать to dry

высший *comp. & sup. of* высокий

вытекать *see* вытечь

вытерпеть (вытерплю, вытерпишь) *perf.* to endure, to bear, to suffer; не вытерплю I won't stand it

вытечь (вытеку, вытечешь)/вытекать to flow out, to run out

выходить *see* выйти

выше *comp. of* высокий

вьюсь, вьёшься *see* виться

вязать (вяжу, вяжешь) *imperf.* to tie, to tie up, to bind

гадатель *m.* soothsayer, fortune teller

гадать *imperf.* to tell fortunes, to prognosticate; to guess

галицкий *adj. to* Галичь Galicia

гаснуть (*past tense* гас, гасла) *imperf.* to go out, to die out, to become dim

гений genius

географический geographic

герой hero

гибельный ruinous, pernicious

гибнуть *imperf.* to perish

гимн hymn

глава *arch. & poet. for* голова; cupola

глад (*arch. for* голод) hunger, famine

глаз (*plur.* глаза) eye

глас (*arch. & poet. for* голос) voice

глубокий deep

глупец (*gen.* глупца) fool

глупый foolish

глухой deaf; out-of-the-way, remote, solitary

глушь *f.* a remote place, remote corner, backwoods

глядеть (гляжу, глядишь) *imperf.* to look

глядь *imperative of* глядеть

гляжу́ *see* гляде́ть
гна́ться (гоню́сь, го́нишься) *imperf.* (*followed by* за *w. instr.*) to pursue, to chase
гнев anger, wrath, ire
гне́вать *imperf.* (*arch.*) to make angry, to anger, to provoke somebody's wrath
гнило́й rotten
говори́ть *see* поговори́ть
год year
голова́ (*acc.* го́лову) head
голо́дный *adj. to* го́лод
го́лос voice
голубо́й (light) blue
го́лый bare, naked; penniless
гоне́ц (*gen.* гонца́) *arch.* courier
гони́мый persecuted
гора́ hill
го́рдый proud
горды́ня pride, arrogance
го́ре woe, sorrow, calamity
го́род city
господа́ (*gen.* госпо́д) *plur.* the masters; gentlemen
Госпо́дь (*gen.* Го́спода) God, the Lord
гостеприи́мный hospitable
гость *m.* guest; *hist.* stranger, merchant (from abroad)
госуда́рь *m.* sovereign
гото́вить (гото́влю, гото́вишь) *imperf.* to prepare
гото́виться (гото́влюсь, гото́вишься) *imperf.* to prepare, to get ready, to be about
гото́вый ready
гра́бить (гра́блю, гра́бишь) *imperf.* to rob, to sack, to plunder
град (*arch. & poet. for* го́род) city
граждани́н (*plur.* гра́ждане) citizen
гра́мота reading and writing; *arch.* letters, learning; letter, written message
грамоте́й scholar
гра́мотный literate; *arch.* erudite
грани́ца border, frontier

грань *f.* = грани́ца
граф count
грех sin
гре́шник sinner
гре́шный sinful
гроб grave; coffin
гробово́й *adj. to* гроб
гроза́ thunderstorm; terror
грози́ть (грожу́, грози́шь) *imperf.* to threaten
гро́зный formidable, redoubtable, terrible; Иоа́нн Гро́зный Ivan the Terrible
гром thunder
гро́мкий loud; famous, celebrated
грудь *f.* chest, breast
грызть (грызу́, грызёшь) *imperf.* to gnaw, to champ грызть бразды́ to champ the bit
губи́тель murderer
гудо́к (*gen.* гудка́) *arch.* an ancient Russian three-stringed musical instrument
гу́сли (*gen.* гу́слей) a multi-stringed Russian musical instrument, psaltery
густо́й thick
гу́ща the thick

да (*conj.*) and, yet; so that
да (*emphatic particle*) but, oh but
да (*modal particle*) let (*w. infinitive*), may (*w. infinitive*)
дава́й (*particle*) let us (*w. infinitive*)
да́вний *adj.* long-standing, long ago
давно́ *adv.* long ago; for a long time
да́же even
дай *imperative of* дать; let me (*w. infinitive*)
далёкий distant, remote, far-away
далёче *arch. & dial.* far, far away
да́льний distant, remote
дар gift, present
дарова́ть (дару́ю, дару́ешь) *perf. & imperf.* to grant
да́ром for nothing, to no purpose

дать (дам, дашь)/давáть (даю́,
даёшь) to give; to let, to allow

дáться (дáстся)/давáться (даётся)
to come (as in learning)

даю́ *see* дать

два, две *num.* two

двáдцать *num.* twenty

две *f. of* два

двенáдцать (*num.*) twelve

дверь *f.* (*usually plur.*) door

двúнуть/двúгать to move

двор court

дворéц (*gen.* дворцá) palace

дворéцкий (*noun*) butler

дворянúн (*plur.* дворяне) nobleman,
courtier

двух *gen. of* два two

дéва *poet.* virgin, maiden

девúца (*and, in Russian folk poetry,* дéвица) maiden, virgin

девúчий *adj. to* девúца virgin, maiden Девúчье пóле the grounds
around Новодéвичий монá-
стырь (near Moscow)

дéвочка girl

дéдушка *coll. for* дед grandfather

декáбрь December

дéлать *see* сдéлать

делúться *see* поделúться

дéло work, business, affair, state of
affairs; в сáмом дéле in fact,
indeed; ты пришёл за дéлом you
came on business; и дéло, друг right
you are, friend; что им за дéло?
what do they care? на дéле actually, indeed дéло было нáше
the battle was ours

день (*gen.* дня) day

деньгá *hist.* a copper coin; *vulg.* =
дéньги money

держáва reign, rule; state, kingdom

держáвный *adj. to* держáва; royal,
sovereign

держáть (держу́, дéржишь) *imperf.*
to hold, to keep держú двéри block
the door

дерзáть *see* дерзнýть

дéрзкий audacious, bold; impertinent, insolent, impudent

дерзнýть/дерзáть to dare

дéрзостный impudent, insolent;
bold, audacious

дéрзость *f.* boldness, audacity, daring

дерýсь, дерёшься *see* дрáться

дéскать (*particle*) says he (I say,
they say, *etc.*), so-to-speak

десятый *num.* tenth

дéсять (*num.*) ten

дéти (*gen.* детéй) children

дéтки (*gen.* дéток) *dim. of* дéти

дéтский childlike; *adj. to* дитя child

деянье deed, act

диáвол *arch.* (*now* дьявол) devil

диáвольский *adj. to* диáвол

диáкон (now дьякон) *eccl.* deacon

дивúться (дивлю́сь, дивúшься)
imperf. to wonder

для (*prep.*) for

дúвный wonderful, wondrous, marvellous

дитя *n.* child

днесь *arch.* to-day

дня *see* день

до *prep.* to, until, till

доберýсь *see* добрáться

дóблесть *f.* valour, prowess, virtue

добрáться (доберýсь, доберёшься)/
добирáться to reach (a place), to
get to (a place)

добрó (*noun*) good; (*adv.*) добрó
пожáловать! welcome!

добровóльно *adv.* of one's own ac-
cord, voluntarily

дóбрый good

довéренность *arch.* (*now* довéрие)
confidence, trust

довéрить/доверять to trust, to confide in

довéрчивый credulous, unsuspect-
ing, trustful

довестú (доведý, доведёшь)/до-
водúть (довожу́, довóдишь) to

lead (as far as), to take to (a place), to accompany (to a place)

довольно *adv.* enough

довольный satisfied, pleased, content

довольствие prosperity, plenty; satisfaction; contentment

догоре́ть (**догорю́, догори́шь**)/**догора́ть** to burn down, to burn low

дозво́лить/дозволя́ть to allow, to permit, to give leave

дозо́р patrol; **ходи́ть дозо́ром** to patrol

дойти́ (**дойду́, дойдёшь**)/**доходи́ть** (**дохожу́, дохо́дишь**) to reach, to come to

доказа́ть (**докажу́, дока́жешь**)/**дока́зывать** to prove, to demonstrate

докла́д report

докла́дывать *imperf.* to report, to make a report

долг debt, duty

до́лгий long, lengthy

до́лго *adv.* for a long time

долгове́чно *adv.* for a long time

долготерпели́вый *arch.* long-patient, long-forgiving

до́лжен, должна́, должно́ *predic.* obliged to; forced to; ought to, must **твой сан доро́же до́лжен быть** your rank should be dearer (to you) **я до́лжен был** I had to, I was forced to

до́лжно *impers. predic.* one must

дом (*plur.* **дома́** *and arch.* **до́мы**) house, home **идти́ по дома́м** to go (each to his) home

до́ма *adv.* at home

донести́ (**донесу́, донесёшь**)/**доноси́ть** (**доношу́, доно́сишь**) to report (on somebody), to inform (against somebody), to denounce; *hist.* to report, to submit a report

доне́ц (*gen.* **донца́**) inhabitant of the Don river region, Don Cossack

доно́с denunciation, accusation; *hist.* report, information (against somebody)

доно́счик informer

Донско́й *adj. to* **Дон** the Don river

до́нушко *dim. of* **дно** bottom

доны́не *arch.* hitherto, to this day

допроси́ть (**допрошу́, допро́сишь**)/**допра́шивать** to question, to examine, to interrogate

доро́га road

дорого́й dear

доро́же *comp. of* **дорого́й**

доса́да annoyance, vexation

досе́ле so far, up to now

доска́ board, plank

доста́ться (**доста́нусь, доста́нешься**)/**достава́ться** (**достаю́сь, достаёшься**) to fall to one's lot, to be given to one

дости́г, дости́гла *past tense of* **дости́чь**

дости́чь (**дости́гну, дости́гнешь**)/**достига́ть** to reach, to attain

досто́йный (*w. gen.*) worthy, deserving (of)

досту́пный accessible, affable

досу́жный *adj. to* **досу́г** leisure, spare time

дото́ле *arch.* hitherto, until then, up to then

доходи́ть *see* **дойти́**

дочерний *adj. to* **дочь**

дочь (*gen.* **до́чери**) daughter

дошло́ *past tense of* **дойти́**

драго́й (*arch. for* **дорого́й**) dear

драгоце́нный precious

дра́ка fight

дра́ться (**деру́сь, дерёшься**) *imperf.* to fight

дре́вний ancient

дремо́та somnolence, drowsiness

дрему́чий dense, thick (*of a forest*)

дрожа́ть (**дрожу́, дрожи́шь**) *imperf.* to tremble

дрожь *f.* tremor, quivering; chill, shiver

друг (*plur.* друзья́) friend
друг дру́га each other
друго́й another
дру́жба friendship
дру́жеский *adj. to* друг
дружи́на *hist.* an armed unit, a fighting squad; *plur.* troops; bodyguard почётная дружи́на guard of honour
дру́жный amicable; harmonious, unanimous
друзья́ (*gen.* друзе́й) *plur. of* друг
дрянь *f.* (*coll.*) rubbish, trash
ду́ма thought; council, *hist.* Duma, state council
ду́мать *see* поду́мать
ду́мный *adj. to* ду́ма; ду́мный боя́рин a boyar who is a member of the Duma (State Council)
дура́к fool
дух spirit; breath дух перевести́ to take breath
духо́вник *eccl.* confessor
духо́вный spiritual; ecclesiastic, sacred
душа́ soul, heart; душа́ моя́! my dear!
душе́вный *adj. to* душа́
души́стый fragrant, aromatic
дыха́нье breath, breathing
дьяк *hist.* clerk, government official
дя́дя uncle

его́ж *see note 90*
едва́ *adv.* hardly, only just едва́ ли scarcely, barely, hardly
еди́нственный (the) only, (the) sole, (the) one and only
еди́ный single; alone
е́ду, е́дешь *see* е́хать
е́жели if
езуи́т Jesuit
ей-бо́гу *interj.* so help me God
ей-е́й *interj.* by Jove! so help me!
е́ресь *f.* heresy; *coll.* rubbish, nonsense
ерети́к heretic
е́сли if

есть *3rd person sing. of* быть
Ефи́мьевский монасты́рь monastery of St. Euthymius
е́хать *see* пое́хать
ещё still, (some) more

ж *see* же
жа́дный avid, greedy
жале́ть *imperf.* to feel sorry for, to pity
жа́лить *imperf.* to sting, to bite
жа́лкий pitiful, pathetic, pitiable
жа́лованье stipend
жа́ловать *see* пожа́ловать
жа́лок *short form of* жа́лкий
жа́лость *f.* pity
жар heat; ardour
жать (жму, жмёшь) *imperf.* to press
жгу *see* жечь
ждать (жду, ждёшь) *imperf.* to wait, to expect
же (*a particle emphasizing preceding word*) then, indeed
же *conj.* but
жезл staff, baton; warder
жела́ние desire
жела́нный long wished for, desired
жела́ть *imperf.* to wish
желе́зный *adj.* iron
жени́х bridegroom
же́нский (*adj.*) feminine, of woman, female
же́нщина woman
же́ртва victim
жесто́кий cruel
жечь (жгу, жжёшь) *imperf.* to burn
живо́й live, living, alive
живу́, живёшь *see* жить
жизнь *f.* life
жили́ще dwelling, abode
жир fat
житие́ *arch.* life
жи́тница granary
жить (живу́, живёшь) *imperf.* to live
жму, жмёшь *see* жать
жре́бий lot; fate, destiny

за (*particle*) *see* что за
за *prep.* behind; beyond; at, with; for; за 50 over 50
забáвник joker, merry-maker
заблуждéнье error, delusion
забóта worry, care, concern
забóтушка *coll. dim. of* забóта
забýдь *imperative of* забы́ть
забывáть *see* забы́ть
забы́тый (past passive participle of забы́ть) forgotten
забы́ть (забýду, забýдешь)/забывáть to forget
завёлся, завелáсь *past tense of* завести́сь
завести́сь (заведётся)/заводи́ться (завóдится) to turn up, to appear
завéт behest
завéтный intimate; sacred
завещáть *perf. & imperf.* to bequeath, to give by will, to commend
зави́дный enviable
зави́довать (зави́дую, зави́дуешь) *imperf.* (*w. dative*) to envy
зави́сеть (зави́шу, зави́сишь) *imperf.* to depend (on), to be at the mercy of
завлёк, завлеклá *past tense of* завлéчь
завлéчь (завлекý, завлечёшь)/завлекáть to lead astray, to lure, to entice
завоевáнье conquest
завопи́ть (завоплю́, завопи́шь) *perf.* to begin to yell
завсегдá = всегдá
зáвтра to-morrow
завы́ть (завóю, завóешь) *perf.* to raise a howl
заглуши́ть/заглушáть to suppress, to smother, to stifle; to soothe, to alleviate; to drown (other sounds)
заглянýть (загляню́, загля́нешь)/загля́дывать to take a look, to glance, to peep in
зáговор plot, conspiracy

загуля́ть *perf.* to go on a spree
задави́ть (задавлю́, задáвишь) *perf.* to strangle
задержáть (задержý, задéржишь)/задéрживать to stop, to detain, to arrest
задýмать/задýмывать to plan, to have the intention; (*perf.*) он задýмал (*w. infinitive*) he has conceived (the idea)
задýматься/задýмываться to be lost in thoughts, to fall to thinking, to become thoughtful
задýмчивый pensive, absorbed in thought, thoughtful
закáпать *perf.* to begin to drip
заклинáть *imperf.* to adjure, to conjure
заключи́ть/заключáть to close, to conclude; to lock up, to imprison
заключённый prisoner
закóнный lawful, legal
закручи́ниться *perf.* to grow sad
замени́ть/заменя́ть to replace
замерéть (замрý, замрёшь)/замирáть to stand still, to stop beating, to sink (of the heart)
замéтить (замéчу, замéтишь)/замечáть to notice, to take notice
замирáть *see* замерéть
зáмок (*gen.* зáмка) castle
замóлкнуть/замолкáть to cease (making a sound), to die down, to become silent
замолчáть (замолчý, замолчи́шь)/замолкáть to become silent, to cease (speaking), to lapse (into silence)
замори́ться *perf.* (*vulg.*) to become exhausted
замóрский foreign, outlandish
замýчить *perf.* to torture (to death); to wear out
зáмысел (*gen.* зáмысла) plan, intention, design, plot
занé *conj.* (*arch.*) for, because
занемóг, занемоглá *past tense of* занемóчь

занемо́чь (занемогу́, занемо́жешь) *perf.* to fall ill

за́нятый busy, engaged in, occupied by (*or* with)

заодно́ *adv.* in concert, at one

запека́ться *see* запе́чься

запере́ть (запру́, запрёшь)/запира́ть to lock две́ри за́перты the door is locked

запере́ться (запру́сь, запрёшься)/запира́ться to lock oneself in

запе́чься (запеку́сь, запечёшься)/запека́ться to clot, to coagulate

запла́кать (запла́чу, запла́чешь) *perf.* to start crying

заплати́ть (заплачу́, запла́тишь) *perf.* to pay

запоро́жец (*gen.* запоро́жца) Dnieper Cossack

зара́не (*now* зара́нее) beforehand, in good time

зара́нее *adv.* beforehand

заре́зать (заре́жу, заре́жешь) *perf.* to cut somebody's throat, to murder

зары́ть (заро́ю, заро́ешь)/зарыва́ть to bury

заря́ dawn; вече́рняя заря́ sunset

засвети́ть (засвечу́, засве́тишь) *perf.* to light

заслу́га merit

заслужи́ть (заслужу́, заслу́жишь)/заслу́живать to earn, to deserve, to merit

засну́ть/засыпа́ть to fall asleep

заста́ва gate; picket; (frontier) post

заста́вить (заста́влю, заста́вишь)/заставля́ть to force, to compel, to make (somebody do something)

засыпа́ть *see* засну́ть

затверди́ть (затвержу́, затверди́шь) *perf.* to learn, by heart, to memorize

затвори́ться/затворя́ться (*eccl.*) to go into seclusion, to retire

зате́йливый fanciful, ingenious

зати́х, зати́хла *past tense of* зати́хнуть

зати́хнуть/затиха́ть to calm, down, to stop (talking, crying, etc.)

зато́ *conj.* in return, to make up for it, then again

заточе́нье *eccl.* seclusion (in a monastery)

заточи́ть/заточа́ть *arch.* to incarcerate

затрепета́ть (затрепещу́, затрепе́щешь) *perf.* to begin to tremble, to start shaking, to begin to palpitate

затрудне́нье difficulty

затяну́ть (затяну́, затя́нешь)/затя́гивать to strike up (a song); to tighten

за́утра *arch.* in the morning

за́утреня *eccl.* Matins

захвати́ть (захвачу́, захва́тишь)/захва́тывать to seize

захоте́ть (захочу́, захо́чешь) *perf.* to want, to like (to)

зачéм why

за́яц (*gen.* за́йца) hare

звать *see* позва́ть

зверь *m.* beast, animal

звон peal, ringing (of bells)

звони́ть *imperf.* to ring (a bell)

звук sound

здесь here

здоро́во *interj.* (*coll.*) hullo!

здоро́вье health

здра́вие (*arch. for* здоро́вье) health

здра́вствовать (здра́вствую, здра́вствуешь) *imperf.* to be well, to thrive да здра́вствует! long live!

здра́вый (*arch. for* здоро́вый) healthy, intact

зе́лие (*now* зе́лье) potion; *arch.* medicine

земля́ land

земля́нка mud-hut

зе́мнии *arch.* (*Church Slavonic*) nom. *plur. of* зе́мный

земно́й *adj. to* земля́

зе́мный (*arch. for* земно́й) *adj. to* земля́

вемь *f.* (*arch.*) ground
зла́то (*arch. for* зо́лото) gold
златы́й *arch. for* золото́й
зло (*noun*) evil
зло́ба spite
злоде́й criminal, evil-doer
злоде́йский *adj. to* злоде́й
злоде́йство crime
злоде́янье *arch.* crime
злой *adj.* evil, wicked, bad
злосло́вие malicious gossip,
    calumny, scandal
злость *f.* anger, rage
змея́ snake
знако́мый *adj.* familiar
знамёна *plur. of* зна́мя
зна́менье sign, omen, prodigy
зна́мя (*gen.* зна́мени) banner
зна́тный noble, distinguished, illus-
    trious
знать *imperf.* to know знай про себя́
    keep what you know to yourself
знать (*adv.*) *coll.* evidently, surely
значи́тельный significant
зна́чить *imperf.* to mean
зову́, зовёшь *see* звать
зо́лото gold
золото́й golden
зре́лый mature
зреть *imperf.* to ripen, to grow
зреть (зрю, зришь) *imperf.* to
    behold
зри́мый visible
зы́бкий shifting, unsteady, swaying
зять son-in-law

и and; also; even; *see also note 6*;
    и...и both...and
игра́ game
игра́ть *imperf.* to play
игу́мен (*gen.* игу́мена *and* игу́мна)
    abbot; Father-Superior
идти́ *see* пойти́
иду́, идёшь *see* пойти́
из *prep.* from
изба́ (peasant) house
избежа́ть (избегу́, избежи́шь)/из-
    бега́ть to avoid, to evade

изберу́т *see* избра́ть
избра́ть (изберу́, изберёшь)/избира́ть to elect; to choose избра́ть
    в цари́ to elect czar
изве́стие news, message
изве́стно *impers. predic.* it is known
изво́лить *perf.* (*arch.*) to allow, to
    permit (*now* позво́лить)
изво́ль, *plur.* изво́льте (*imperative
    of* изво́лить to deign, to be plea-
    sed) if you please, here you are
изгна́нник exile
изгна́нье exile
и́здали (*adv.*) from a distance, from
    a far
издо́хнуть/издыха́ть to die (of ani-
    mals); *vulg.* to croak
изли́ть (изолью́, изольёшь)/изли-
    ва́ть *arch.* to shed, to pour out
излови́ть (изловлю́, изло́вишь)
    perf. to catch
изме́на treason
измени́ть/изменя́ть (*w. dative*) to
    betray; (*w. acc.*) to change
измени́ться (изменю́сь, изме́нишь-
    ся)/изменя́ться to change
изме́нник traitor
изме́нчивый unsteady, changeable,
    unreliable
изобличи́ть/изоблича́ть to expose
изобрази́ть (изображу́, озобра-
    зи́шь)/изобража́ть to picture, to
    represent
из-под from under
Иису́с Jesus
ико́на icon
и́ли or
иль = и́ли
и́мени *gen. of* и́мя
име́ть *imperf.* to have
и́мя (*gen.* и́мени) *n.* name
и́наче *conj.* or else
иногда́ sometimes
инозе́мец (*gen.* инозе́мца) foreigner
ино́й different; other
и́нок monk
иноплеме́нный foreign

Иоа́нн *eccl. for* Ива́н
Йрод Herod
иска́ть (ищу́, и́щешь) *imperf.* to seek
искупи́ть (искуплю́, иску́пишь)/искупа́ть to expiate, to atone for
иску́сный artful, clever
иску́сство art
искуше́ние temptation
искушённый experienced
испо́лнить/исполня́ть to fulfil, to fill
испо́лниться/исполня́ться to be filled, to become filled
испуга́ться/пуга́ться to take fright, to become frightened, to be scared
испыта́ть/испы́тывать to try, to test, to put to test; to experience, to suffer
иссле́довать (иссле́дую, иссле́дуешь) *perf. and imperf.* to investigate
исступле́нье frenzy; excess
и́стина truth
исто́чник spring, source, fountain
истреби́ть (истреблю́, истреби́шь)/
истребля́ть to destroy
истяза́ние torture
исцеле́нье healing, recovery
исче́знуть/исчеза́ть to vanish, to disappear
ита́к *conj.* thus, so then, and so
Иу́да Judas
ищу́ *see* иска́ть

к *prep.* to, toward
-ка *enclitic particle indicating emphasis*
кабы́ *coll.* = е́сли бы
кавале́р cavalier; (dancing) partner
ка́ждый each, every
ка́жется (*from* каза́ться to appear) apparently, it seems
кажу́ *see* каза́ть
каза́к Cossack
каза́нский *adj. to* Каза́нь

Каза́нь *f.* Kazan (a city on the Volga)
каза́ть *see* показа́ть
каза́чий *adj.* to каза́к
казни́ть *perf. & imperf.* to execute, to put to death; to punish
казнь *f.* supplice, torture, execution; punishment
как how; as; since, when
как бу́дто as if как...так no sooner...than
како́в, какова́, каково́ (*pronoun*) what (kind) какова́ моя́ Мари́на? what about my Marina? what do you think of my Marina?
каково́ *adv.* how
како́й (*pronoun*) what (kind of)
како́й-то *indef. pron.* some
ка́к-то somehow
кандалы́ (*plur.*) shackles, fetters, irons, chains
кано́н *eccl.* canon
капита́н captain
ка́рта map
кати́ться *see* покати́ться
ква́кать *imperf.* to croak
ке́лия = ке́лья
ке́лья cell
кинжа́л dagger
ки́нуться/кида́ться to fling oneself; to rush
кипе́ть (киплю́, кипи́шь) *imperf.* to boil, to seethe; to bustle
кичли́вый pert, bumptious, conceited
кладу́, кладёшь *see* класть
кла́дязь *m.* (*arch. & poet. for* коло́дец) well
кла́няться *imperf.* to bow, to greet; *w. instr.* to present, to submit кла́няться тебе́ их голова́ми to offer their heads (i. e., lives) to you
класть (кладу́, кладёшь) *imperf.* to put
клевета́ calumny, slander
клевре́т *arch.* minion, myrmidon
кле́тка cage
клеть *f.* cage

146

клик *poet.* call, cry, battle cry
клобу́к *eccl.* hood, cowl
кляну́сь *see* покля́сться
кни́га book
кни́жный *adj. to* кни́га
кня́жеский *adj. to* князь
князь (*plur.* князья́) prince
кобы́ла mare; *vulg.* a woman
кова́рный insidious, perfidious, treacherous, crafty
ковш dipper; ladle; *arch.* cup
когда́ when; (*indef.*) ever
когда́-нибудь some time, some day, eventually
кое-кто́, кое-что́ *pron.* somebody, something
кой о чём *prepositional case of* кое-что́
кол stake
колду́н sorcerer, soothsayer
колду́нья witch, soothsayer, fortune teller
колеба́ться (коле́блюсь, коле́блешься) *imperf.* to vacillate, to waver
коле́но knee на коле́ни to one's knees на коле́нях on one's knees
коленопреклоне́ние genuflexion
ко́ли *conj.* (*arch. & dial. for* е́сли) if
колоко́льня bell tower
ко́лос (*plur.* коло́сья) ear (of corn)
колпа́к сар
ко́мната room, chamber
коне́ц (*gen.* конца́) end, conclusion; во все концы́ to all quarters
коне́чно of course
конца́ *see* коне́ц
кончи́на death
ко́нчить/конча́ть to end, to finish, to complete всё ко́нчено all is over
ко́нчиться/конча́ться to end
конь *m.* horse
копе́ечка *dim. of* копе́йка copeck
корми́лец (*gen.* корми́льца) *arch. & vulg.* benefactor
корми́лица wet-nurse
корми́ть (кормлю́, ко́рмишь) *imperf.* to feed

короле́вич prince
коро́ль (*gen.* короля́) king
коро́на crown
коро́ткий short
коро́че *comp. of* коро́ткий
корчма́ inn
косты́ль *m.* crutch
кость *f.* bone
котёнок kitten
кото́рый which
край edge, border
кра́йний extreme; по кра́йней ме́ре at least
Кра́ков Cracow
краса́вец (*gen.* краса́вца) handsome man, fine (looking) man
краса́вица beauty, beautiful woman
краси́вый handsome
кра́сный red; *arch.* (*and dial.*) fine, handsome, festive (*so in* Кра́сная пло́щадь, Кра́сное крыльцо́); кра́сная деви́ца fair maiden
красота́ beauty
кремлёвский *adj. of* Кремль
Кремль *m.* Kremlin
крест cross
крик shout(ing), cry(ing), yell(ing), scream(ing)
крича́ть (кричу́, кричи́шь) *imperf.* to shout, to yell
крова́вый bloody
кро́вля roof
кровожа́дный bloodthirsty
кровь *f.* blood
кроме́шник *hist.* oprichnik (member of a special corps of servants to Ivan the Terrible)
Кро́мы (*gen.* Кром) Kromy (a city in W Russia)
кропи́ть (кроплю́, кропи́шь) *imperf.* to sprinkle
кро́ткий gentle, meek
круго́м *adv.* around, round
кружи́ться *imperf.* to go round; (у меня́) голова́ кру́жится I feel giddy
кру́пный large
круто́й steep

147

крыльцо́ porch, balcony Кра́сное Крыльцо́ a balcony overlooking Red Square (in Moscow)

кто, что (*interrogative pronoun*) who, what ты кто тако́й? who are you?

кто, что *indef. pron.* some (= кто́-нибудь); кто ни, кто б(ы) ни whoever

кто́-то, что́-то *indef. pron.* somebody, something

куда́ where; куда́! not likely! not at all!

куде́сник soothsayer, magician

куды́ *vulg. for* куда́

кула́к fist

купе́ц (*gen.* купца́) merchant

куре́нь *m.* (*hist.*) house (in the Ukraine); unit of Dnieper Cossack troops

кутерьма́ *coll.* mess, muddle

ку́чка a handful

лавр laurel

ла́дно *adv.* all right, very well

лазу́тчик spy

лампа́да *eccl.* icon-lamp

ласка́ть *imperf.* to caress; to treat somebody with affection

лати́нский Latin, Roman Catholic

лба *see* лоб

лгать (лгу, лжёшь) *imperf.* to lie

лёг, легла́ *past tense of* лечь

лёгкий easy, light; frivolous

легко́ (*adv.*) easily; *impers. predic.* it's easy

ле́гче *comp. of* легко́

лежа́ть (лежу́, лежи́шь) *imperf.* to lie

лезть (ле́зу, ле́зешь) *imperf.* to get (into something)

ле́карь *arch.* physician

лени́вец (*gen.* лени́вца) idler, loafer

лес (*plur.* леса́) forest

ле́стница stairs, flight of stairs

лета́ (*gen.* лет) *n.* years

ле́топись *f.* chronicle

лечи́ться (лечу́сь, ле́чишься) *imperf.* to undergo a cure, to receive treatment (for something)

лечь (ля́гу, ля́жешь)/ложи́ться (ложу́сь, ложи́шься) to lie down; глава́ми лечь to lay down (our) heads; лечь на по́ле сме́рти to die in battle

Лжедими́трий the False Demetrius

лжи *see* ложь

ли (*conj.*) whether, if; ли...ли either...or

ли *enclitic, indicating question*

лик *arch. & eccl.* number; при́ял меня́ в лик а́нгелов свои́х accepted me among his angels

лик *arch. & poet.* face; image

ли́па lime-tree; linden

ли́ра lyre

Литва́ Lithuania; the Lithuanians

лито́вец (*gen.* лито́вца) Lithuanian

Лито́вский *adj. to* Литва́

ли́ться (лью́сь, льёшься) *imperf.* to flow

лицо́ face

лиши́ть/лиша́ть to deprive (of)

лиши́ться/лиша́ться to lose, to be deprived of

лишь (*adv.*) only

лоб (*gen.* лба) forehead

ло́бное ме́сто place of execution (just outside the Kremlin wall)

ло́вкий deft, adroit, dexterous; smart, clever

ло́вок *short form of* ло́вкий

ложи́ться *see* лечь

ло́жный *false*

ложь (*gen.* лжи) lie, falsehood

ло́шадь *f.* horse

лук onion

лука́вить (лука́влю, лука́вишь) *imperf.* to equivocate, to quibble, to dodge

лука́вый sly, cunning, crafty, treacherous, shrewd

луна́ moon

лу́чше better не лу́чше ли won't it be better

лы́сый bald; ни лы́сого бе́са *vulg.* nobody whosoever (*lit.* not even a bald devil)

ль = ли

люби́мец (*gen.* люби́мца) favourite

люби́мый *present passive participle of* люби́ть; *adj.* favourite

люби́ть (люблю́, лю́бишь) *imperf.* to love

лю́бо (*impers. predic.*) it is nice, it is pleasant

любо́вник lover

любо́вница mistress, beloved

любо́вь *f.* (*gen.* любви́) love

любо́й anybody

лю́ди (*gen.* люде́й) people

лягу́шка frog

лях *hist.* Pole

мазу́рка mazurka (Polish dance)

ма́ленький little, small

ма́ло *adv.* little

ма́ло (*indefinite numeral*) few

ма́лый small, short с ма́лых лет from childhood

ма́льчик boy, small boy

мальчи́шка *m.* boy, urchin

ма́мка nurse

ма́мушка (*dim. of* ма́мка) mummy, mammy

ма́ние *arch.* nod, beck; command

масти́тый venerable

мать (*gen.* ма́тери) mother

мгнове́нный momentary

мёд mead

ме́дленный slow

ме́длить *imperf.* to linger, to delay, to waste time

меж = ме́жду

ме́жду between, among ме́жду тем meanwhile, in the meantime

мелькну́ть/мелька́ть to flash, to appear suddenly, to gleam

меня́ть *imperf.* to exchange

ме́ра measure; по кра́йней ме́ре at least

мертве́ц corpse

мёртвый dead

ме́стничество *hist.* order of precedence, seniority

ме́сто place, spot

ме́сяц month; moon

меч sword

мечта́нье dream, reverie

меша́ть *imperf.* to hinder

ми́лостивый gracious, kind, merciful

ми́лостыня alms, charity

ми́лость *f.* grace; charity, favour, kindness; ми́лости про́сим welcome; *arch.* твоя́ ми́лость (*as title of address*) your grace

ми́лый dear, beloved

мину́вший *adj.* past, bygone

мину́та minute

мир peace

мир world

мири́ть *see* помири́ть

мири́ться *see* помири́ться

ми́рный peaceful

мирско́й (*eccl.*) temporal, secular

миря́нин layman

митрополи́т *eccl.* Metropolitan

младе́нец (*gen.* младе́нца) infant, child

младе́нческий *adj. to* младе́нец

младо́й *arch. & poet. for* молодо́й

мла́дость *f.* (*poet. & arch.*) youth

мне́ние opinion

мнить *imperf.* to imagine, to think

Мни́шек (*gen.* Мни́шка) Jerzy Mniszech, Palatine of Sandomierz (father of Marina Mniszech)

мно́гие *adj. plur.* many

мно́го (*indefinite numeral*) much; many

многострада́льный long-suffering

мно́жество multitude

мог, могла́ *past tense of* мочь

моги́лка *dim. of* моги́ла grave, tomb

моги́льный *adj. to* моги́ла tomb

могу́ *see* мочь

могу́щий mighty

мо́жет *see* мочь; мо́жет быть perhaps, may-be

мо́жно *impers. predic.* one may, one can, it is possible

молва́ rumour, common talk, talk

мо́лвить (мо́лвлю, мо́лвишь) *imperf.* to say, to speak

моле́бен church service, public prayer

моле́бствие *eccl.* public prayer

моле́ние *arch. & poet.* supplication, praying

моли́тва prayer

моли́твенный *adj. to* моли́тва

моли́ть (молю́, мо́лишь) *imperf.* to beg, to beseech

моли́ться (молю́сь, мо́лишься) *imperf.* to pray

молодёжь *f.* youth

молоде́ц (*gen.* молодца́) fine fellow; молоде́ц! well done!

моло́дка young married woman, bride

молодо́й young

молото́к (*gen.* молотка́) hammer

мо́лча *adv.* tacitly, silently, without a word

молчали́вый taciturn, silent

молча́льник *eccl.* a monk who has given the vow of silence

молча́ние silence

молча́ть (молчу́, молчи́шь) *imperf.* to be quiet, to keep silence

мольба́ supplication

монасты́рь monastery

мона́х monk

мона́хиня nun

мона́шеский *adj. to* мона́х

мона́шество monkhood

Монома́х = Влади́мир Монома́х, Grand Duke of Kiev (1113—1125)

мо́ре sea

морово́й pestilent; я́зва морова́я plague, pestilence

москаль (*Polish and West Russian derogatory*) Muscovite, Russian

Москва́ Moscow

моско́вский *adj. to* Москва́

мочь (могу́, мо́жешь) *imperf.* to be able to

мочь *f.* strength, power мо́чи нет one can't stand it

моше́нник swindler, crook

мошо́нка *arch.* purse

мо́щи *plur.* (*eccl.*) relic (of a saint's body)

мощь *f.* power (*Church Slavonic form for* мочь)

мрак darkness; obscurity

мра́морный marble

мсти́тель avenger

мудрено́ *see* не мудрено́

му́дрость *f.* wisdom

му́дрствовать (му́дрствую, му́дрствуешь) to philosophize, to engage in sophistry

му́дрый wise

муж husband; *arch. & poet.* man

мужа́ться *imperf.* to take heart

мужи́к peasant

му́за muse

му́зыка music

му́ка torture, torment; (extreme) suffering, pain, pangs

мураве́йник anthill

мути́ть (мучу́, му́тишь) *imperf.* to trouble

муче́нье torment, torture, suffering

мучи́тель *m.* tormentor, fiend

му́чить *imperf.* to torment, to torture

мысль *f.* thought

мы́тарство *arch.* oppression, taking advantage of the weak (from мы́тарь publican)

мяте́ж mutiny, rebellion, revolt

мяте́жница mutinous woman, rebel

мяте́жный rebellious; unruly, restless

на *interj.* here; вот на! well! well, I never!

на *prep.* on, upon; to; на что what for

наба́т alarm bell уда́рить в наба́т to sound the alarm

наберу́, наберёшь *see* набра́ть

набить (набью, набьёшь)/набивать to stuff (with), to pack, to fill (with) битком набитый packed cram-full

набожность devotion, piety

набожный devout, pious

набрать (наберу, наберёшь)/набирать to gather, to get together, to collect

навек adv. forever

навеки adv. forever

навязаться (навяжусь, навяжешься)/навязываться coll. to thrust oneself upon (somebody), to impose

наглый impertinent, brazen-faced

нагота nakedness

наград (награжуть, наградишь)/награждать to reward, to remunerate

над (prep.) over

надёжа vulg. for надежда

надежда hope

надёжный reliable, dependable

надеть (надену, наденешь)/надевать to put on

надеяться (надеюсь, надеешься) perf. & imperf. to hope

надлежать (надлежит) impers. imperf. to be proper, to be fitting, to be in order

надменный haughty, arrogant

надо (impers. predic.) one must, one is supposed to

надо prep. = над

надобно impers. predic. is needed, is necessary кого им надобно whom do they need, whom do they want; не надобно one must not

наедине adv. in private

наехать (наеду, наедешь)/наезжать to run into, to hit upon

назад (adv.) back

назвать (назову, назовёшь)/называть to name, to call, to address

назваться (назовусь, назовёшься)/называться to call oneself

назначенье calling

назначить/назначать to appoint, to name, to nominate, to invest, to designate

назову, назовёшь see назвать

называть see назвать

найду see найти

найти (найду, найдёшь)/находить (нахожу, находишь) to find

наказать (накажу, накажешь)/наказывать to punish

наконец finally

налиться (нальётся)/наливаться to be filled with, to become full of

налог tax, levy

наложница hist. concubine

намедни (adv.) coll. the other day

намерен, намерена predic. он намерен he intends

намеренье intention

наместник deputy, legate

напомнить/напоминать to remind

напрасно in vain

напрасный vain, useless, unnecessary; wrongful, unfair, unjust

напряжённый strained, tense

нарёк, нарекла past tense of наречь

нарекать see наречь

наречь (нареку, наречёшь)/нарекать arch. to name, to address; to appoint, to elect

народ people; nation

народный adj. to народ

нарочно (adv. to нарочный special messenger) especially; purposely

нарядить/наряжать to appoint, to detail

насилу adv. with difficulty; hardly; perforce

наскучить perf. (w. instr.) to get tired of

насладиться (наслажусь, насладишься)/наслаждаться (w. instr.) to enjoy

наслажденье pleasure, enjoyment

наслать (нашлю, нашлёшь)/насылать to inflict

наслéдник heir, successor, descendant

наслéдовать (наслéдую, наслéдуешь) *perf. and imperf.* to succeed (to)

наслéдственный hereditary; ancestral

наслéдство inheritance, patrimony, succession

настáть (настáну, настáнешь)/ **наставáть** (настаю́, настаёшь)to begin, to start; to come (of time)

настоя́щий real, true, authentic

насылáть *see* **наслáть**

наýка learning, study, science

научи́ть (научу́, наýчишь) *perf.* to teach; **наýченный диáволом** incited by the devil

научи́ться (научу́сь, наýчишься) *perf.* to learn

находи́ть *see* **найти́**

находи́ться (нахожу́сь, нахóдишься) *imperf.* to be located, to be present

начáл supervision

начáльствовать (начáльствую, начáльствуешь) *imperf.* to command

начáть (начну́, начнёшь)/**начинáть** to begin, to start

начáться (начну́сь, начнёшься) **начинáться** to begin, to start

начинáться *see* **начáться**

нáчисто *adv.* decidedly, completely

начну́, начнёшь *see* **начáть**

нашёл, нашлá *past tense of* **найти́**

нашептáнье (whispered) incantation, magic formula

нашептáть/нашёптывать to whisper, to insinuate

не not; **не то** if not (so)

небесá *plur. of* **нéбо**

небéсный heavenly

нéбо (*plur.* небесá) heaven, sky

невéдомый unknown; **невéдомо чегó** heaven knows what **невéдомо кто** heaven knows who (he is)

невéрный unreliable, faithless, disloyal; uncertain

невéста bride

неви́данный unprecedented, never seen before, unwitnessed

неви́нен *short form of* **неви́нный**

неви́нность *f.* innocence

неви́нный innocent

невозврáтный irrevocable, irretrievable

невóльный involuntary, unwilling, unwitting

невóля captivity; unfreedom

негодовáть (негодýю, негодýешь) *imperf.* (*w.* **на** *or* **прóтив**) to be indignant at, to rebel against

недалекó *adv.* not far

недалёкий not far away, not far off, near

недалéче *adv.* (*arch. & dial.*) not far, not far away

недáром (*adv.*) not without reason, not in vain

недви́жимый motionless

недéля week

недовóльный dissatisfied, displeased

недостóйный unworthy; worthless

неждáный unexpected

нéжный tender, delicate

незнакóмый unknown, unfamiliar

незнáтный obscure, of humble birth

неистощи́мый inexhaustible

нéкий *pron.* some, a certain

нéкогда *impers. predic.* there is no time

нéкоторый *indef. pron.* some, a certain

нéкуда *adv.* nowhere; **нéкуда бежáть** there is no place to flee

нелéпость absurdity, nonsense

нельзя́ (*impers. predic.*) one cannot; one is not allowed; it won't go

немéдленно *adv.* immediately, right away

нéмец (*gen.* нéмца) German

неми́лость *f.* disfavour

немно́го a little; few

не мудрено́ (now немудрено́) it is easy, it is no wonder

ненави́деть (ненави́жу, ненави́дишь) imperf. to hate

ненави́стный hated, hateful, odious

ненагля́дный coll. darling, beloved

необходи́мо impers. predic. it is (absolutely) necessary

необыча́йный extraordinary

неодоли́мый irresistible

нео́пытный inexperienced

непоро́чный pure, innocent, chaste

непра́вда falsehood, lie; (predic.) you are lying

непра́ведный arch. unjust, iniquitous

непреме́нно adv. without fail, certainly

неразу́мный unreasonable, foolish

нёс, несла́ past tense of нести́

не́сколько indef. num. a few, some

неслы́ханный unheard of

нести́ (несу́, несёшь) imperf. to carry, to bear

нести́сь (несу́сь, несёшься) imperf. to rush (along), to fly

несча́стный unfortunate

нет no

нет (impers. predic.) there isn't, there is no

нетле́нный undecaying, incorruptible; imperishable

не́ту coll. = нет

неумоли́мый inexorable

неусы́пный unremitting, indefatigable, vigilant

не́чего (impers. predic.) it's no use, there is no need; there is nothing

нечи́стый unclean, impure, dishonourable, suspicious

ни ... ни neither ... nor

нигде́ nowhere

ни́зкий low

низо́вый (now низово́й) lower, down-river

никогда́ never

нико́й,ника́я, нико́е (pronoun) arch. none, not any

никто́, ничто́ pron. nobody

ни́мфа nymph

ниспосла́ть (ниспошлю́, ниспошлёшь)/ниспосыла́ть arch. to send down (from heaven), to grant

ниц (adv.) arch. down пасть ниц to prostrate oneself

ничего́ gen. of ничто́ nothing

ничто́жность f. worthlessness, insignificance

ни́щий adj. & noun beggar, pauper

но but

новизна́ novelty, news

новогоро́дский adj. to Но́вгород

Новоде́вичий монасты́рь a monastery near Moscow

но́вость f. news, tidings

но́вый new

нога́ foot

нож knife

носи́ться (ношу́сь, но́сишься) imperf. to rush (along or about) но́сятся слу́хи it is rumoured

ночева́ть (ночу́ю, ночу́ешь) imperf. to spend the night

ночле́г lodging for the night; a night's rest

ночно́й adj. to ночь

ночь f. night

нрав character, disposition, temper; он всем по нра́ву he is liked by everybody

нра́виться see понра́виться

ну interj. well, well then, come

нужда́ (gen. нужды́ and ну́жды) need

ну́жно impers. predic. there is need; мне ну́жно I must, I have to; им э́то лишь и ну́жно this is all they need

ну́жный necessary; short form ну́жен, нужна́, ну́жно predic. is necessary, is needed не нужна́ тебе́ во́дка you don't need vodka

ны́не adv. now, these days

ны́нче coll. to-day; now, nowadays

ню́хать imperf. to smell

о (*interjection*) oh

о (об, óбо) *prep.* about; against

об (*prep.*) *see* о

óба (*m. n.*), óбе (*f.*) both

обве́шать/обве́шивать to hang round, to cover (with), to cover all over

обви́ть (обовью́, обовьёшь)/обвива́ть to entwine, to wind (round)

обворожи́ть *perf.* to charm, to fascinate, to bewitch

обду́мать/обду́мывать to consider, to think over; to plot

обе́д dinner

обе́дня *eccl.* Mass (celebrated before noon)

обеспе́чить/обеспе́чивать to secure, to ensure

обесси́лить/обесси́ливать to weaken to enfeeble, to deprive of one's strength

обе́т vow

обеща́ть *perf. & imperf.* to promise

оби́да offence, injury, wrong

оби́деть (оби́жу, оби́дишь)/обижа́ть to hurt, to offend, to be unfair to

обира́ть *imperf.* (*coll.*) to rob, to "shake down"

оби́тель *f.* cloister, convent, monastery

облада́нье possession

óблако cloud

óбласть *f.* province, region

облачи́ться/облача́ться *arch. & eccl.* to put on (sacerdotal) vestments

облепи́ть (облеплю́, обле́пишь)/облепля́ть to stick round, to cover (with), to cling to

обличи́ть/облича́ть to expose, to display, to manifest

обма́н fraud, deception

обману́ть/обма́нывать to deceive, to trick, to fool

обману́ться/обма́нываться to be deceived; to deceive oneself, to make a mistake, to err

обма́нчивый deceptive, delusive

óбморок fainting fit, swoon

обнажи́ть/обнажа́ть to bare, to reveal

обнару́жить/обнару́живать to reveal, to disclose, to make public

обня́ться (обниму́сь, обни́мешься)/обнима́ться to embrace

обозре́ть (обозрю́, обозри́шь)/обозрева́ть to view, to survey

обóих *gen. acc.* of óба

обойти́сь (обойду́сь, обойдёшься)/обходи́ться (обхожу́сь, обхо́дишься) to manage, to get by, to do with(out)

обольсти́ть (обольщу́, обольсти́шь)/обольща́ть to seduce, to persuade by flattery, to delude

обольсти́ться/обольща́ться *passive of* обольсти́ть/обольща́ть; to delude oneself

обольще́ние seduction, temptation

óбраз image; shape, form; mode, manner óбраз мы́слей way of thinking

обра́тно *adv.* back

обрести́ (обрету́, обретёшь)/обрета́ть to find

обрета́ть *see* обрести́

обре́чь (обреку́, обречёшь)/обрека́ть to doom, to condemn

обро́сший overgrown (with), covered (by)

обря́д rite

обуя́ть *perf.* to seize

обши́рный farflung, vast

óбщий general, common

объяви́ть (объявлю́, объя́вишь)/объявля́ть to reveal; to report, to announce

объя́ть (обойму́, обоймёшь)/обыма́ть to embrace, to seize, to envelop все объя́ты бы́ли стра́хом all were filled with terror

обы́чай custom, usage

обя́занность duty, responsibility, charge

оглашённый *arch. & eccl.* uninitiated, unknowing

огнь *m.* (*arch. for* огóнь) fire

огóнь (*gen.* огня́) fire

огрáда fence

оградúться (ограж́усь, оградúшься)/огражда́ться to guard oneself (from), to fend oneself (from), to fence oneself (against)

одéжда clothes, garments

одéтый (*past passive participle of* одéть to clothe) dressed, clothed, fully clothed

одúн, однá, однó (*numeral*) one; (*pronoun*) only, alone

одúннадцать *num.* eleven

однáжды once, one day

однáко however

одр *arch.* bed; одр болéзни sickbed

одушевúть (одушевлю́, одушевúшь)/одушевля́ть to inspire

ожесточённый fierce, violent, bitter

ожидáть *imperf.* to expect, to wait (for); to be in store (for)

озарúть/озаря́ть to illuminate, to shine upon

оказáть (окаж́у, окáжешь)/окáзывать to show, to display

оказáться (окаж́усь, окáжешься) *perf.* to turn out, to be found, to prove (*intrans.*)

окая́нный cursed, damned

окия́н *arch.* (*now* океáн) ocean

окнó window

óко (*plur.* óчи) eye

окóнчить/окáнчивать to finish, to complete

окруж́úть/окруж́áть to surround

октя́брь October

опáла disgrace, disfavour

опáльный *adj.* fallen into disgrace

опáсен *short form of* опáсный

опасéнье apprehension; misgiving

опáсность *f.* danger

опáсный dangerous

опёрся, оперлáсь *past tense of* оперéться

оперéться (обопру́сь, обопрёшься)/опирáться to rest (upon), to lean (upon)

описáть (опиш́у, опúшешь)/опúсывать to describe

ополчúть/ополчáть *arch.* to arm, to equip (with weapons)

опочивáльня *arch.* bedroom

опустúться (опущ́усь, опу́стишься)/опускáться to sink, to go down, to descend

опу́тать/опу́тывать to enmesh, to entangle; to paralyze, to overcome

óпыт experience

опя́ть again

ору́дие tool, instrument

осадúть (осаж́у, осáдишь)/осажда́ть to lay siege, to surround

осаждён *past passive participle* (*short form*) *of* осадúть

осветúть (освещ́у, осветúшь)/освещáть to light (up), to illuminate

осенúть/осеня́ть *arch. & poet.* to give shade, to overshadow

ослáбить (ослáблю, ослáбишь)/ослабля́ть to weaken, to loosen, to relax

ослéп, ослéпла *past tense of* ослéпнуть

ослепúть (ослеплю́, ослепúшь)/ослепля́ть to blind; to deceive

ослéпнуть *perf.* to lose one's eyesight, to go blind

осмотрéть (осмотрю́, осмóтришь)/осмáтривать to look over, to examine

остáвить (остáвлю, остáвишь)/оставля́ть to leave, to relinquish; to leave (somebody) alone

остальнóй the remaining, what remains

остáнки *plur.* remains, relics

остановúть (остановлю́, останóвишь)/останáвливать to stop, to halt

останови́ться (остановлю́сь, остано́вишься)/останáвливаться to stop, to stay, to put up
остáток (*gen.* остáтка) remainder
остáться (остáнусь, остáнешься)/оставáться (остаю́сь, остаёшься) to remain, to stay
остервени́ться *perf.* to become enraged, to become frenzied
остуди́ть (остужу́, осту́дишь)/остужáть to cool (off)
осты́ть (осты́ну, осты́нешь)/остывáть to get cold, to cool off
осчастли́вить (осчастли́влю, осчастли́вишь) *perf.* to make happy
от *prep.* from
отбежáть (отбегу́, отбежи́шь)/отбегáть to run off
отбо́й retreat удáрить отбо́й beat a retreat
отвáга courage, bravery; boldness, audacity
отвáжный bold, audacious
отвéдать/отвéдывать to try, to test
отвéргнуть/отвергáть to reject
отвéтить (отвéчу, отвéтишь)/отвечáть to answer
отвори́ть/отворáть to open, to unlock
отвори́ться/отворáться to open
отвы́кнуть/отвыкáть to grow unaccustomed, to lose the habit
отвязáться (отвяжу́сь, отвя́жешься)/отвя́зываться (*w.* от) to leave somebody alone
отдалéние distance
отдáть (отдáм, отдáшь)/отдавáть (отдаю́, отдаёшь) to give (to), to turn over (to)
отдохну́ть/отдыхáть to rest, to take a rest; to recover one's strength
отерéть (отру́, отрёшь)/отирáть to wipe
отéц (*gen.* отцá) father; духо́вный отéц *eccl.* father-confessor
отéчество fatherland
отирáть *see* отерéть

отказáть (откажу́, откáжешь)/откáзывать to decline
откры́ть (откро́ю, откро́ешь)/открывáть to open; to reveal
откры́ться (откро́юсь, откро́ешься)/открывáться to confide, to reveal one's secret, to confess; *passive of* откры́ть
отку́да where ... from, wherefrom, whence
отложи́ть (отложу́, отло́жишь)/отлагáть to put aside, to discontinue
отложи́ться (отложу́сь, отло́жишься)/отлагáться to detach oneself (from), to fall away (from), to resign (from)
отмени́ть (отменю́, отмéнишь)/отменáть to abolish, to revoke, to call off, to discontinue
отны́не *adv.* (*arch.*) hence, from now on
отобрáть (отберу́, отберёшь)/отбирáть to pick out, to select; to muster
отозвáть (отзову́, отзовёшь)/отзывáть to recall
отойти́ (отойду́, отойдёшь)/отходи́ть (отхожу́, отхо́дишь) to move away, to walk away
отослáть (отошлю́, отошлёшь)/отсылáть to send off, to send back
отпéть/отпевáть *eccl.* to celebrate (mass)
отпо́р resistance; repulse
отпрáвиться (отпрáвлюсь, отпрáвишься)/ отправлáться to set out, to start out, to go off
отрави́ть (отравлю́, отрáвишь)/отравлáть to poison
отрáда joy, delight
отражáть *see* отрази́ть
отрази́ть (отражу́, отрази́шь)/отражáть to repulse, to beat off
о́трасль *f.* offspring
отрéзать (отрéжу, отрéжешь)/отрезáть to cut off
о́трок boy, adolescent
о́трочеcкий (*adj.*) adolescent

отряхну́ть/отряха́ть (*and* отря́хивать) to shake off

отсе́ле *adv.* (*arch.*) from here, hence

отста́ть (отста́ну, отста́нешь)/отстава́ть (отста́ю, отстаёшь) to fall behind; *coll.* to leave alone

отстегну́ть/отстёгивать to unfasten, to undo

отсу́тствие absence

отсю́да from here

отту́да *adv.* from there

отца́ *gen. of* оте́ц

отча́янье desperation

о́тче (*arch.*) *vocative case of* оте́ц

отчи́зна native land

отше́льник hermit, anchorite

ох *interj.* oh

охладе́ть/охладева́ть to grow cold; to lose interest in

охо́та wish, desire; *predic. impers.* есть охо́та I wish, you wish, *etc.*

охо́тно *adv.* willingly, readily

очарова́ть (очару́ю, очару́ешь) *perf.* to captivate, to enthrall, to cast a spell upon

о́чень very

о́чи *plur. of* о́ко

очи́стить (очи́щу, очи́стишь)/очища́ть to clean (out), to clear, to free

ошиби́ться (ошибу́сь, ошибёшься)/ошиба́ться to make a mistake, to be mistaken, to be wrong ошибся ты you are wrong

ошибся, оши́блась *past tense of* ошиби́ться

па́дать *see* пасть

паду́, падёшь *see* пасть

па́зуха bosom (of a shirt)

пал, па́ла *past tense of* пасть

пала́та chamber

пала́ч hangman, executioner

па́мять *f.* memory

пан (Polish or Lithuanian) gentleman, noble

па́нна (*Polish*) Miss

па́па the Pope

па́перть *f.* church-porch, parvis

па́ра pair

па́рень (*gen.* па́рня) lad

парна́сский Parnassian

пасту́х herdsman

пасть (паду́, падёшь)/па́дать to fall, to prostrate oneself

патриа́рх patriarch

пей, пе́йте *imperative of* пить

пе́пел (*gen.* пе́пла) ashes

пе́рвый first

перевести́ (переведу́, переведёшь)/переводи́ть (перевожу́, переводишь) *in the expression* дух перевести́ to take breath

переговори́ть *perf.* to talk over, to discuss; *intrans.* to have a talk

пе́ред *prep.* before, in front of

переда́ть (переда́м, переда́шь)/передава́ть (передаю́, передаёшь) to hand over

пе́редо = пе́ред

передово́й foremost, headmost

перейти́ (перейду́, перейдёшь)/переходи́ть (перехожу́, перехо́дишь) to cross (over), to get across

перемани́ть/перема́нивать to entice, to lure (into one's employ)

перенести́ (перенесу́, перенесёшь)/переноси́ть (переношу́, перено́сишь) to transfer, to remove

переписа́ть (перепишу́, перепи́шешь)/перепи́сывать to copy

переста́ть (переста́ну, переста́нешь)/перестава́ть (перестаю́, перестаёшь) to stop, to quit, to cease

переходи́ть *see* перейти́

перешагну́ть/переша́гивать to step over, to cross

перешёл, перешла́ *past tense of* перейти́

пе́рмский *adj. to* Пермь (a city in NE Russia)

пе́рстень *m.* finger-ring

пе́сня song

пе́тля noose, sling

Пётр (*gen.* Петра́) (St.) Peter
петь (пою́, поёшь) *imperf.* to sing
печа́ль *f.* sorrow, grief; concern
печа́льный sad, melancholy
пи́во beer, ale
пии́т *arch.* poet
пир feast, banquet
пирова́ть (пиру́ю, пиру́ешь) *imperf.* to feast, to banquet
пи́ршество feast, regale
писа́ть (пишу́, пи́шешь) *imperf.* to write
писа́ться (пишу́сь, пи́шешься) *imperf.* to be written, to be spelled
письмо́ (*plur.* пи́сьма) letter
пита́ться *imperf.* to live (on), to feed (on), to get nourishment (from)
пить (пью, пьёшь) *imperf.* to drink
пишу́ *see* писа́ть
пища́ть (пищу́, пищи́шь) *imperf.* to whimper, to squeak
пла́кать (пла́чу, пла́чешь) *imperf.* to cry
пла́менный fiery
плато́к (*gen.* платка́) handkerchief
пла́ха *hist.* (executioner's) block
плач weeping, crying
плаче́вный lamentable, deplorable, sad, melancholy
пла́чу, пла́чешь *see* пла́кать
плачь *imperative of* пла́кать
пле́мя (*gen.* пле́мени) *n.* breed
племя́нник nephew
плен captivity
плени́ть/пленя́ть captivate, charm, enchant, fascinate
пле́нник prisoner
пле́нный (*noun*) prisoner, captive
плеск applause
плеши́вый bald
плод fruit
пло́хо *adv.* badly, poorly
площадно́й *adj. to* пло́щадь
пло́щадь *f.* square Кра́сная Пло́щадь Red Square (in Moscow)
плут fraud, swindler, cheat
по *prep.* along; as a result of, because of, by; according to; after

побе́г escape, flight
побе́да victory
победи́ть (победи́шь)/побежда́ть to win a victory
побесе́довать (побесе́дую, побесе́дуешь) *perf.* to have a talk
поби́ть (побью́, побьёшь) *perf.* to beat down, to strike down поби́ть в прах to defeat decisively, to annihilate
побледне́ть/бледне́ть to turn pale, to blanch
пове́дать *perf.* (*arch.*) to tell, to relate
поведу́ *see* повести́
повёл, повела́ *past tense of* повести́
повеле́ть (повелю́, повели́шь)/повелева́ть to command, to order
пове́рить/ве́рить to believe, to give credence
пове́сить (пове́шу, пове́сишь)/ве́шать to hang
повести́ (поведу́, поведёшь)/вести́ (веду́, ведёшь) to lead
по́весть *f.* tale
повороти́ть (поворочу́, поворо́тишь)/повора́чивать to turn; to turn over
повремени́ть *perf.* to wait (a little)
повсю́ду *adv.* everywhere
повтори́ть/повторя́ть to repeat
повы́ть (пово́ю, пово́ешь)/выть (во́ю, во́ешь) to howl, to wail
погаси́ть (погашу́, пога́сишь)/погаша́ть to put out (the light), to extinguish, to blow out (a candle)
поги́бель *f.* (*arch.*) ruin, undoing
поги́бнуть/погиба́ть to perish
поговори́ть/говори́ть to speak, to talk
погоди́ть (погожу́, погоди́шь) *perf.* to wait (a little); погоди́! just a moment!
погрузи́ть (погружу́, погрузи́шь)/погружа́ть to immerse погружённый absorbed

погуби́ть (погублю́, погу́бишь)/гу-
би́ть (гублю́, гу́бишь) to ruin, to
destroy

под *prep.* under; near at

пода́ть (пода́м, пода́шь)/подава́ть
(подаю́, подаёшь) to give, to
hand, to serve, to grant; to offer

по́двиг feat, (great) deed, exploit

подгрести́ (подгребу́, подгребёшь)/
подгреба́ть to rake

по́дданый subject

подели́ться (поделю́сь, поде́лишь-
ся)/дели́ться (делю́сь, де́лишься)
to share (something with somebody else)

подело́м *adv.* (*coll.*) deservedly по-
дело́м ему́ serves him right

подзыва́ть *see* подозва́ть

поди́ = пойди́

подкупи́ть (подкуплю́, подку́-
пишь)/подкупа́ть to bribe

по́длинно *adv.* really

подме́н substitution

подня́ть (подниму́, подни́мешь)/
поднима́ть to lift, to raise; под-
ня́ть с одра́ to rouse, to restore
a patient's health (so he can rise
from his sickbed)

подня́ться (подниму́сь, подни́-
мешься)/поднима́ться (*and coll.*
подыма́ться) to rise

подо́бие likeness

подо́бно *adv.* likewise

подозва́ть (подзову́, подзовёшь)/
подзыва́ть to call up (to), to appeal (to), to attract

подойти́ (подойду́, подойдёшь)/под-
ходи́ть (подхожу́, подхо́дишь) to
come up (to), to approach, to
walk up (to)

подосла́ть (подошлю́, подошлёшь)/
подсыла́ть to dispatch

подпру́га saddle-girth

подро́бность detail

подру́га *f.* companion, friend

подру́чник *hist.* vassal

подтяну́ть (подтяну́, подтя́нешь)/
подтя́гивать to join in singing, to
sing along

поду́мать/ду́мать to think

поду́ть/ду́ть to blow

подходи́ть *see* подойти́

подча́с *adv.* (*coll.*) sometimes, at
times

по́дчивать *vulg.* for по́тчевать

подъя́ть *arch.* for подня́ть

подыма́ться *see* подня́ться

подыму́, поды́мешь *coll.* for под-
ниму́, подни́мешь

поезжа́й, поезжа́йте *imperative of*
пое́хать

поёт *see* петь

пое́хать (пое́ду, пое́дешь)/е́хать (е́ду,
е́дешь) to ride

пожа́ловать (пожа́лую, пожа́луешь)/
жа́ловать (жа́лую, жа́луешь) to
be gracious to, to favor, to bestow
one's favor

пожа́ловать (пожа́лую, пожа́лу-
ешь) *perf.* to visit; добро́ пожа́ло-
вать welcome!

пожа́р fire, conflagration

пожа́рный *adj.* to пожа́р

пожи́виться (поживлю́сь, пожи-
ви́шься) *perf.* (*w. instr.*) to profit
by, to take advantage of

пожра́ть (пожру́, пожрёшь)/по-
жира́ть to devour

позабы́ться/позабыва́ться to become oblivious, to lose control over
one's senses, to lose consciousness,
to be overcome (by drowsiness)

позва́ть (позову́, позовёшь)/зва́ть
(зову́, зовёшь) to call

по́здний late, belated

по́здно *adv.* late

поздра́вить (поздра́влю, поздра́-
вишь)/поздравля́ть to congratu-
late

позо́р disgrace, shame

позо́рный disgraceful, shameful

пойду́ *see* пойти́

пойма́ть *perf.* to catch

пойти́ (пойду́, пойдёшь)/идти́ (иду́, идёшь) to go пошёл! get going! let's go!

пока́ *conj.* as long as

показа́ть (покажу́, пока́жешь)/пока́зывать *and* (*arch.*) каза́ть (кажу́, ка́жешь) to show

показа́ть (покажу́, пока́жешь) *perf.* to testify

показа́ться (покажу́сь, пока́жешься)/пока́зываться to show one-self, to show up

покати́ться (покачу́сь, пока́тишься)/кати́ться (качу́сь, ка́тишься) to roll along

пока́яние penitence, penance

пока́янье = пока́яние

пока́яться (пока́юсь, пока́ешься)/ка́яться (ка́юсь, ка́ешься) to repent; to confess

поки́нуть/покида́ть to relinquish, to leave

поклоне́нье worship, reverence

поклони́ться (поклоню́сь, покло́нишься)/поклоня́ться to pay re-verence, to worship

покля́сться (покляну́сь, покляне́шься)/кля́сться (кляну́сь, кляне́шься) to swear

поко́й peace (of mind)

поколоти́ть (поколочу́, поколо́тишь) *perf.* to beat, to give a beating

покори́ться/покоря́ться to submit, to surrender

покрасне́ть/красне́ть to flush, to turn red in the face

покрыва́ло veil

пола́ skirt, flap, lap

по́ле field

ползти́ (ползу́, ползёшь) *imperf.* to creep, to crawl

полк regiment; *plur.* полки́ (*arch. & poet.*) troops, armed forces

по́лно (*adv.*) *coll.* enough, you don't mean it

по́лный full

положи́ть (положу́, поло́жишь) *perf.* to decide

полуно́щный *arch. & poet.* northern

полу́шка a quarter-kopeck piece

по́льза use, profit, advantage

по́льский Polish

польско́й (*now* по́льский) Polish; (*noun*) polonaise

По́льша Poland

полюби́ть (полюблю́, полю́бишь) *perf.* to grow fond of, to come to love, to fall in love with

поля́к Pole

поля́чка Polish girl

пома́зать (пома́жу, пома́жешь) *perf.* to smear, to besmear

поме́стие estate

поми́ловать (поми́лую, поми́луешь) *perf.* to have mercy, to spare

помина́ть *see* помяну́ть

помири́ть/мири́ть to reconcile

помири́ться/мири́ться to make peace, to be reconciled (with)

по́мнить *imperf.* to remember

по́мниться (по́мнится) *impers. in the expression* по́мнится I recall, I remember

помо́га *arch. & dial.* help, support, assistance

помогу́, помо́жешь *see* помо́чь

помоли́ться (помолю́сь, помо́лишься) *perf.* to say a prayer

помолча́ть (помолчу́, помолчи́шь) *perf.* to remain silent

помо́рщиться/мо́рщиться to frown

по́мочь (*now* по́мощь) *f.* help, assistance

помо́чь (помогу́, помо́жешь)/помога́ть to help

помо́щница helper

помы́слить/помышля́ть to think (about), to consider

помяну́ть (помяну́, помя́нешь)/помина́ть to mention, to cite; *eccl.* to pray for

понапра́сну *adv.* in vain, needlessly

понемно́гу *adv.* little by little

поникнуть/поникать to droop
поникнуть головой to hang one's head
понимать *see* понять
пономарь sexton
понравиться (понравлюсь, понравишься)/нравиться (нравлюсь, нравишься) to please, to make an impression upon; ей нравится she likes
понять (пойду, поймёшь)/понимать to understand
поп priest, clergyman
попеченье care
попить (попью, попьёшь)/попивать to have a drink
поплакать/плакать, (плачу, плачешь) to cry, to weep
попойка drinking-bout
поприще field (of activity)
попробовать (попробую, попробуешь) *perf.* to try
попустому *adv.* in vain, to no purpose
попью *see* попить
пора time порой at times, sometimes до тех пор until that time пора! it is time! с той поры since that time
поразить (поражу, поразишь)/поражать to strike, to strike down
порода race, breed; birth
порочный (*adj. to* порок vice) wanton, sinful, criminal
портрет portrait
поручиться (поручусь, поручишься)/ручаться to vouch, to warrant, to guarantee
порфира purple
порыв fit
порядком *adv.* properly, thoroughly
посвятить (посвящу, посвятишь)/посвящать to dedicate
поседелый grown grey, grizzled
поселить/поселять to settle, to lodge; to instill, to infuse
посетить (посещу, посетишь)/посещать to visit, to attend

посеять (посею, посеешь)/сеять (сею, сеешь) to sow
поскакать (поскачу, поскачешь)/скакать (скачу, скачешь) to gallop
посла *gen. of* посол
послать (пошлю, пошлёшь)/посылать to send
последний last
послушанье obedience
послушать *perf.* to listen
послушный obedient; mindful
посметь/сметь to dare
посол (*gen.* посла) envoy, ambassador
поспеть/поспевать to get somewhere (in time), to arrive in time
посрамиться (посрамлюсь, посрамишься)/посрамляться to disgrace oneself, to cover oneself with shame
пост fast
поставить (поставлю, поставишь)/ставить (ставлю, ставишь) to place, to set (up), to appoint
постигнуть (*or* постичь)/постигать to comprehend, to grasp, to understand; to reach, to overtake, to strike
постник *eccl.* faster, one who strictly observes the fasts, ascetic
постой! (*imperative of* постоять *perf.* to stand for a while) stop! wait (a little)!
пострел *coll.* a young rogue, a young rascal
постригся, постриглась *past tense of* постричься
пострижение = постриженье
постриженье *eccl.* tonsure
постричься (постригусь, пострижёшься)/постригаться to take monastic vows, to take the rite of tonsure
постыдный shameful
посудить (посужу, посудишь) *perf.* to deliberate (about something), to discuss (something)
посулить/сулить to promise

посыла́ть *see* посла́ть

пот sweat, perspiration кру́пный пот large beads of perspiration

потере́ть (потру́, потрёшь) *perf.* to rub

поте́ря loss

поте́ха pleasure, entertainment

поте́чь (потеку́, потечёшь)/течь (теку́, течёшь) to flow

пото́к stream, torrent

пото́м *adv.* later (on), afterwards, then

пото́мок (*gen.* пото́мка) descendant

потре́бовать (потре́бую, потре́буешь)/тре́бовать (тре́бую, тре́буешь) to demand, to ask for

потрём *see* потере́ть

поту́пить (потуплю́, поту́пишь)/потупля́ть to cast down, to lower, to drop (one's glance)

потуши́ть (потушу́, поту́шишь)/туши́ть (тушу́, ту́шишь) to extinguish, to put out (a fire); to quell, to suppress, to put down (a revolt)

по́тчевать (по́тчую, по́тчуешь) *imperf.* to treat, to regale, to offer food and drink

потяну́ть/потя́гивать to drink slowly, to sip

поутру́ *adv.* in the morning

похо́д campaign, (military) expedition, march

похо́жий resembling, alike, looking like

почётный honorary

почита́ть *imperf.* to honour, to respect

почи́ть (почи́ю, почи́ешь)/почива́ть *arch.* to rest, to sleep

почте́нный respected, esteemed

пошёл, пошла́ *past tense of* пойти́

пошлю́ *see* посла́ть

пощади́ть (пощажу́, пощади́шь)/щади́ть (щажу́, щади́шь) to spare, to save

поэ́т poet

пою́, поёшь *see* петь

появи́ться (появлю́сь, поя́вишься)/появля́ться to appear, to make one's appearance, to show up

прав *short form of* пра́вый

пра́вда truth; justice не пра́вда ль? isn't it true?

правди́вый truthful, veracious

пра́ведник righteous man, holy man

пра́ведный righteous, just

Прави́тель regent

прави́тельство government

пра́вить (пра́влю, пра́вишь) *imperf.* (*w. instr.*) to rule

правле́нье ruling, reigning

пра́во (*noun*) right по пра́ву rightfully, lawfully

пра́во (*adv.*) really

правосла́вный *eccl.* orthodox (belonging to the Russian Orthodox Church)

пра́вый right, righteous ты прав you are right

пра́здник holiday, festivity, celebration

прах dust

пред (*arch.*) *see* пе́ред

пре́дан, предана́ *past passive participle (short form) of* преда́ть

преда́тельница traitress

преда́тельство treachery; perfidy, betrayal

преда́ть (преда́м, преда́шь)/предава́ть (предаю́, предаёшь) to commit (to), to turn over (to), to deliver up (to)

преда́ться (преда́мся, преда́шься)/предава́ться (предаю́сь, предаёшься) to abandon oneself (to), to give oneself (to), to submit (to)

предлага́ть *see* предложи́ть

предло́г pretext, pretence; ground (for)

предложи́ть (предложу́, предло́жишь)/предлага́ть to offer

пре́до = пред

пре́док (*gen.* пре́дка) ancestor, forefather

предста́ть (предста́ну, предста́-
нешь)/представа́ть (предстою́,
предстои́шь) to appear (before),
to betake oneself (to)
предупреди́ть (предупрежу́, преду-
преди́шь)/предупрежда́ть to fore-
stall, to anticipate, to prevent
предчу́вствовать (предчу́вствую,
предчу́вствуешь) imperf. to have
a foreboding
предше́ствовать (предше́ствую,
предше́ствуешь) imperf. to pre-
cede
пре́жде adv. before, formerly
пре́жний past, previous по пре́ж-
нему as before
презира́ть see презре́ть
презре́нье contempt
презре́ть (презрю́, презри́шь), and
poet. пре́зреть (пре́зрю, пре́-
зришь)/презира́ть (w. acc.) to
scorn, to hold in contempt; arch.
(w. instr.) to disdain, to disre-
gard, to reject
прекра́сный beautiful
преле́стный charming, delightful,
beautiful
Преображе́нье eccl. Transfiguration
преобрати́ть (преобращу́, преоб-
рати́шь)/преобраща́ть to turn
into, to change into
престáвиться (преста́влюсь, пре-
ста́вишься) perf. (eccl.) to pass
away, to decease
престо́л throne
престу́пник criminal, sinner
при prep. at, with; при Фео́доре
under (the rule of) Feodor
прибежа́ть (прибегу́, прибежи́шь)/
прибега́ть to come running
прибли́зиться (прибли́жусь, при-
бли́зишься)/приближа́ться to
come near, to approach
прибы́ть (прибу́ду, прибу́дешь)/
прибыва́ть to arrive
привёз, привезла́ past tense of при-
везти́

привезти́ (привезу́, привезёшь)/
привози́ть (привожу́, приво́-
зишь) to bring, to deliver
привёл past tense of привести́
приве́рженность f. devotion, fide-
lity
привести́ (приведу́, приведёшь)/
приводи́ть (привожу́, приво́дишь)
to bring (to), to lead (to); to bring in
приве́тливый affable, friendly,
kindly
приве́тствовать (приве́тствую, при-
ве́тствуешь) imperf. to greet
привле́чь (привлеку́, привлечёшь)/
привлека́ть to attract, to draw
приводи́ть see привести́
привы́к, привы́кла past tense of
привы́кнуть
привы́кнуть/привыка́ть to get ac-
customed to
привы́чка habit
пригово́р verdict
при́город suburb
придво́рный adj. to двор court
приду́ see прийти́
приезжа́ть see прие́хать
приёмлю see прия́ть
прие́хать (прие́ду, прие́дешь)/при-
езжа́ть to arrive, to ride (to a
place)
призна́ние admission, confession,
avowal
призна́нье = призна́ние
призна́ть (призна́ю, призна́ешь)/
признава́ть (признаю́, при-
знаёшь) to recognize
призна́ться/признава́ться (при-
знаю́сь, признаёшься) to admit
при́зрак ghost, apparition
прии́де (arch. 3rd person sing. of the
Old Russian aorist) = пришёл
прии́ду arch. for приду́
прии́мыш (now приёмыш) adopted
son, foster child
прийти́ (приду́, придёшь)/прихо-
ди́ть (прихожу́, прихо́дишь) to
come, to arrive

163

прика́з *hist.* government office (in Muscovy); Прика́з Холо́пий *hist.* office dealing with peasant affairs

приказа́ть (прикажу́, прика́жешь)/прика́зывать to order, to command; to assign

прика́зный *adj. to* прика́з; лю́ди прика́зные *hist.* government clerks

приле́жный diligent, assiduous

прилете́ть (прилечу́, прилети́шь)/прилета́ть to come flying

приме́р example

приме́тный perceptible, visible, noticeable

приму́ *see* приня́ть

принадлежа́ть (принадлежу́, принадлежи́шь) *imperf.* to belong

принима́ть *see* приня́ть

прину́дить (прину́жу, прину́дишь)/принужда́ть to compel, to force

принц prince

приня́ть (приму́, при́мешь)/принима́ть to accept; to receive (a visitor); приня́ть ме́ры to take measures

припа́дши *adv. participle of* припа́сть

припа́сть (припаду́, припадёшь)/припада́ть to fall, to prostrate oneself, to throw oneself (at somebody's feet)

приро́дный trueborn

прискака́ть (прискачу́, приска́чешь) *perf.* to come galloping, to arrive at a gallop

присла́ть (пришлю́, пришлёшь)/присыла́ть to send, to dispatch

при́сно (*adv.*) *arch.* always, ever, forever

при́став *hist.* police officer (in ancient Russia)

при́стальный fixed, intent

присусе́диться (присусе́жусь, присусе́дишься)*perf.* (*vulg. for* присосе́диться) to sit down next to somebody

прися́га oath

присягну́ть/присяга́ть to swear (allegiance)

притво́рный feigned, pretended

притво́рствовать (притво́рствую, притво́рствуешь) *imperf.* (*arch.*) to dissemble, to dissimulate, to feign

притесни́ть/притесня́ть to oppress, to keep down

при́тча parable; event; *vulg.* misfortune, calamity, trouble

приуны́ть *perf.* (*past tense only*) to turn melancholy, to become sad

приходи́ть *see* прийти́

причётный *adj. to* причт parish, clergy of a parish

пришёл, пришла́ *past tense of* прийти́

пришле́ц (*gen.* пришле́ца) newcomer, intruder

прия́тный pleasing, pleasant, agreeable

приня́ть (приму́, при́мешь)/прии́мать (прие́млю, прие́млешь) *arch. for* приня́ть

про *prep.* about; *coll.* for, to про себя́ to oneself, by oneself

проболта́ться/проба́лтываться *coll.* to blab (out), to tattle

пробра́ться (проберу́сь, проберёшься)/пробира́ться to make one's way

пробуди́ться (пробужу́сь, пробу́дишься)/пробужда́ться to wake up, to wake, to awake

прова́ливать *imperative* прова́ливай! *coll.* away with you! make yourself scarce! beat it!

прове́дать/прове́дывать to find out, to learn

провёл, провела́ *past tense of* провести́

провести́ (проведу́, проведёшь)/проводи́ть (провожу́, прово́дишь) to spend

провиде́нье Providence

проводить (провожу, проводишь)/провожать to accompany, to take (somebody) to (a place), to guide

провозгласить (провозглашу, провозгласишь)/провозглашать to proclaim, to pronounce

прогнать (прогоню, прогонишь)/прогонять to drive away, to chase

прогневать *perf.* (*arch.*) to anger, to incense

продать (продам, продашь)/продавать (продаю, продаёшь) to sell; to betray

продолжать *imperf.* to continue

продолжение continuation; в продолжение during, throughout

прозреть (прозрю, прозришь)/прозревать to recover one's sight, to begin to see

произнести (произнесу, произнесёшь)/ произносить (произношу, произносишь) to pronounce, to utter, to spell out

проистечь (проистеку, проистечёшь)/проистекать to spring from, to flow from

пройти (пройду, пройдёшь)/проходить (прохожу, проходишь) to pass, to go by

проказа prank

проклинать *see* проклясть

проклясть (прокляну, проклянёшь)/проклинать to curse

проклятый cursed, damned

промолвить (промолвлю, промолвишь) *perf.* to say, to utter

промысел (*gen.* промысла) Providence

промышлять *imperf.* to do business, to make a living by каково промышляете? how is business?

промчать (промчу, промчишь) *perf.* to drive around, to whip around, to stir up (rumours)

пропить (пропью, пропьёшь)/пропивать to spend on drink, to drink up

пророчество prophecy

просветить (просвещу, просветишь)/просвещать to enlighten

просить (прошу, просишь) *imperf.* to beg, to ask, to request милости просим you are welcome

просиять *perf.* to light up, to shine, to brighten

прославить (прославлю, прославишь)/прославлять to glorify, to bring fame to

прослыть (прослыву, прослывёшь) *perf.* to pass for, to be reputed for, to acquire the name of

проснуться/просыпаться to wake up, to wake, to awake

простить (прощу, простишь)/прощать to forgive

простой simple

простота simplicity; ease

проступить (проступлю, проступишь)/проступать to show, to become apparent

просьба petition, entreaty, request

протёк, протекла past tense of протечь

протечь (протеку, протечёшь)/протекать to go by, to pass

против against

противный repulsive, repugnant; (он) мне противен I dislike (him)

противу *arch. for* против

проход passage

проходить *see* пройти

прохожий passer-by

прочее (*noun*) the rest

прочесть (прочту, прочтёшь) *perf.* to read

прочь *adv.* off, away

прошедший *adj.* past

прошёл, прошла *past tense of* пройти

прошу *see* просить

прошуме́ть (прошумлю́, прошу-
ми́шь) *perf.* to make a noise, to
pass by with a noise
проща́й (*see* прости́ть) good-bye,
adieu
про́ще *comp. of* просто́й, про́сто
прощу́ *see* прости́ть
пря́мо *adv.* straight
пря́тать (пря́чу, пря́чешь) *imperf.* to
hide
пта́шка *coll.* little bird, birdie
пуска́й *particle* let (*followed by
infinitive*)
пусте́ть *imperf.* to become empty, to
become deserted
пусти́ться (пущу́сь, пу́стишься)/
пуска́ться to start, to set out
(for), to take off; to pursue
пусто́й empty; useless, vain пусто́го
мне не говори́ don't give me any
nonsense
пусть = пуска́й
пу́тать *imperf.* to tangle, to confuse,
to mix up
Пути́вль *m.* Putivl (a city in W Russia)
путь (*gen.* пути́) *m.* road, way, path;
journey, expedition
пыла́ть *imperf.* to glow, to burn, to
be ablaze
пыль *f.* dust
пы́шность *f.* splendour, magnifi-
cence, luxury
пью *see* пить
пья́ница drunkard
пья́нство drinking, drunkenness
пья́ный drunk, tipsy
пятна́дцать *num.* fifteen
пятно́ spot, blot, stain
пятьдеся́т *num.* fifty
пятьсо́т *num.* five hundred

раб slave, servant
раба́ slave(woman)
рабо́та work
рабо́тник worker, hired hand
равни́на plain

равно́ *adv.* alike, in like manner, the
same всё равно́ (it is) all the same
равноду́шный indifferent, equani-
mous
равня́ть *see* сравня́ть
рад, ра́да *predic.* (I am) glad, (you
are) glad, *etc.*, I'd like to, you'd
like to, *etc.* рад не рад whether
you like it or not
раде́нье care, diligence, zeal
ра́ди (*prep.*) for the sake of
ра́доваться (ра́дуюсь, ра́дуешься)
imperf. to be glad, to be happy, to
rejoice
ра́дость *f.* joy
раз time в после́дний раз for the
last time не́сколько раз several
times как раз just; before you
know it
раз *adv.* once, at one time
разберу́ *see* разобра́ть
разбира́ть *see* разобра́ть
разби́ть (разобью́, разобьёшь)/раз-
бива́ть to smash, to defeat
разбо́йник robber, highwayman
ра́зве *adv.* save perhaps, unless,
except
развяза́ть (развяжу́, развя́жешь)/
развя́зывать to untie, to loosen
разгово́р conversation
разгоре́ться (разгорю́сь, разго-
ри́шься)/разгора́ться to flare up,
to become enflamed; to become
exalted
разда́ть (разда́м, разда́шь)/раздава́ть (раздаю́, раздаёшь) to distribute, to give out
разда́ться (разда́мся, разда́шься)/
раздава́ться (раздаю́сь, разда-
ёшься) to be heard, to sound, to
resound, to ring out
раздели́ть/разделя́ть to share
раздо́р discord, dissension, conflict
раздра́ть (*now* разодра́ть, раздеру́,
раздерёшь)/раздира́ть to tear (up)
to tear apart
раздува́ть *see* разду́ть

раздумать *perf.* to change one's mind, to think better of it

раздуть/раздувать to fan (a flame), to blow

разинуть/разевать to open (wide) рот разинуть to gape

разный different, various

разобрать (разберу, разберёшь)/ разбирать to make out

разойтись (разойдусь, разойдёшься)/расходиться (расхожусь, расходишься) to disperse, to walk away, to part

разослать (разошлю, разошлёшь)/ рассылать to send out, to distribute, to circulate

разрешить/разрешать to settle

разрыв rupture, breach, burst

Разрядная книга *hist.* Official Register of personnel in the service of the Grand Duke of Muscovy from the 16th to the 17th century.

разуверить/разуверять to dissuade, to convince of the contrary

разуздать/разуздывать to unbridle

разум mind

разуметь *imperf.* to understand; *arch. and dial.* to cogitate, to contemplate; to be of a different opinion

разумный sensible, reasonable, judicious

разучиться (разучусь, разучишься)/ разучиваться to forget (how to), to unlearn

разыграться/разыгрываться to run high, to frolic

рай *paradise*

рана wound

раненый wounded, injured

рано (*adv.*) early рано или поздно soon or later

раскаянье repentance, remorse

расплатиться (расплачусь, расплатишься)/расплачиваться to pay for something, to pay off (one's debts)

расседлать/рассёдлывать to unsaddle

рассеять (рассею, рассеешь)/рассеивать to spread; to disperse

расспросить (расспрошу, расспросишь)/расспрашивать to question, to interrogate

расстрига unfrocked monk

расступиться (расступлюсь, расступишься)/ расступаться to part, to step aside, to leave a passage

рассыпать (рассыплю, рассыпешь)/рассыпать to strew, to scatter, to spill

рассыпаться/рассыпаться to disperse

растерзать *perf.* to tear to pieces, to massacre

расходиться see разойтись

ратный *arch.* military; armed; поле ратное field of battle люди ратные soldiers

рать *f.* (*arch. & poet.*) host, troops

ребёнок (*gen.* ребёнка) child

ребята (*plur.*) children; (*of adults*) lads, fellows

ревнивый jealous

река (*plur.* реки) river

речь *f.* speech; oration

решено *past passive participle* (*short form, n.*) *of* решить

решенье decision

решить/решать to decide

решиться/решаться to make up one's mind, to decide

риза *eccl.* chasuble, vestment

робкий timid

робок *short form of* робкий

ровесник one who is of the same age, contemporary

рог horn

род family, kin; birth, noble birth родом by birth ему 50 лет от роду he is 50 years old в род и род from generation to generation, to all posterity

родимый *coll.* = родной

роди́ть (рожу́, роди́шь) *perf. & imperf.* to bear (a child)

роди́ться (рожу́сь, роди́шься) *perf. & imperf.* to be born

родно́й native; *coll.* my dear, darling

родово́й patrimonial, hereditary, ancestral

родосло́вный genealogical

ро́дственник relative

рожде́н, рождена́ (*past passive participle, short form, of* роди́ть to bear) born

рожде́нье birth

роково́й fateful; fatal

ро́пот murmur, grumble

роса́ dew

ро́скошь *f.* splendour

Росси́я Russia

россия́нин Russian

рост stature, height

рот (*gen.* рта) mouth

рубе́ж border, frontier

рука́ hand о́б руку hand in hand

руса́к *coll.* Russian

ру́сский *adj. & noun* Russian

Русь (*f.*) Russia

руча́ться *see* поручи́ться

ручей (*gen.* ручья́) brook, stream

рыда́ть *imperf.* to sob, to weep

ры́жий red, red-headed

ры́царь *m.* knight

ряд row, line; rank, file за ря́дом ряд one row after another

с *prep. w. acc.* the size of, about

с *prep. w. gen.* from

с *prep. w. instr.* with

са́бля (*gen. plur.* са́бель) sabre

сад garden

сади́ться *see* сесть

сам, сама́, само́ self (in all three persons, singular and plural, i. e., myself, yourself, himself, herself, itself, ourselves, yourselves, themselves) в са́мом де́ле indeed, in fact но вла́ствуй сам собо́ю but reign by yourself

Самбо́р Sambor (a city in the Polish Ukraine)

самодержа́вный autocratic

самоде́ржец (*gen.* самоде́ржца) monarch, ruler; autocrat

самозва́нец (*gen.* самозва́нца) pretender, impostor

са́мый (*pronoun*) the very, (the) same

сан dignity, authority, rank

сбива́ть *see* сбить

сбира́ть *imperf.* (*coll.*) to clear (away)

сбить (собью́, собьёшь)/сбива́ть to knock down, to throw (off)

сбор assembly, gathering труби́ть сбор to give the signal to fall in

сва́дьба wedding

сведать *perf.* (*arch.*) to learn, to receive intelligence

све́жий fresh

све́йский *arch.* (*now* шве́дский) Swedish

све́ргнуть/сверга́ть to throw down, to overthrow; to dethrone

све́ржен *past passive participle* (*short form*) *of* све́ргнуть

сверши́ться/сверша́ться to come true, to occur

свет light, daylight; чем свет at first light, at daybreak

свет world

свети́ть (свечу́, све́тишь) *imperf.* to shine, to give light

светли́ца *hist.* parlour, drawing room (in old Russia)

све́тлый light, bright, lucid; radiant; светле́йший короле́вич! noble prince!

свида́ние = свида́нье

свида́нье meeting, rendezvous, tryst; до свида́нья good-bye (*lit.* "until we meet again")

свиде́тель witness

свире́пый fierce, ferocious, rabid

свиста́ть (свищу́, сви́щешь) *imperf.* to whistle

свобо́да freedom

свобо́дный free

своротить (сворочу, своротишь)/
сворачивать to turn (in some direction)

связать (свяжу, свяжешь)/связывать to bind, to tie up

святейший (*superlative of* святой)
most holy

святитель *eccl.* prelate

святой *adj.* holy, sacred; *noun* saint

святый *arch. for* святой

святыня something sacred, a holy thing

священный sacred, holy

сгореть (сгорю, сгоришь)/сгорать
to be consumed by fire, to burn out

сгубить (сгублю, сгубишь) *perf.*
to destroy, to kill; to ruin

сдаться (сдамся, сдашься)/сдаваться (сдаюсь, сдаёшься) to surrender

сдаться (сдастся)/сдаваться (сдаётся) *impers.* (*coll.*) to seem, to appear мне сдаётся it seems to me

сделать/делать to do

сделаться/делаться to happen

сдержать (сдержу, сдержишь)/сдерживать to keep in place, to hold, to restrain

се *particle* (*arch.*) lo, behold

северный northern

сего *gen. sing.* (*m. & n.*) *of* сей

сегодня *adv.* to-day

седло saddle

седой grey

седок rider, horseman

сей, сия, сие (*demonstrative pronoun*) *arch.* this, that сей же час
immediately (*lit.* "*this very hour*")

сейчас *adv.* immediately, right away

селение village

село (*plur.* сёла) village

семейство family

семена *plur. of* семя

семь (*num.*) seven

семья family

семя (*gen.* семени) *n.* seed

сень *f.* (*arch. & poet.*) canopy, shelter, shade

сердечный *adj. to* сердце

сердце heart

сестра sister

сесть (сяду, сядешь)/садиться (сажусь, садишься) to sit down, to take a seat

сетовать (сетую, сетуешь) *imperf.* to repine, to complain

сеть *f.* net

сжалиться (*with* над) *perf.* to take pity

сзывать = созывать (*see* созвать)

Сибирь *f.* Siberia

сидеть (сижу, сидишь) *imperf.* to sit

сила force, power, strength

силиться *imperf.* to try, to make efforts

сильный strong

синклит *arch.* assembly (of dignitaries or prelates)

сирый *arch.* orphaned

сияние radiance, brilliance, aureole

скажу *see* сказать

сказанье tale

сказать (скажу, скажешь) *perf.* to say

сквозь *prep.* through

скитаться *imperf.* to wander, to stray

складный well rounded

склады *plur.* (*arch.*) syllables

склонен *short form of* склонный

склонить/склонять to sway

склонный inclined, disposed, given to

сколь (*adv.*) how, to what extent

скользить (скольжу, скользишь) *imperf.* to slip

скоморох *hist.* buffoon, mountebank, player (in ancient Russia)

скорбный sorrowful, mournful, stricken with grief

скорбь *f.* sorrow, grief

скоро *adv.* soon

скорый fast, quick

скупо́й stingy, niggardly, miserly
скуча́ть *imperf.* to be bored; *w. instr.* to be tired (of something)
ску́чный boring, dull, tedious
сла́бость *f.* weakness, debility
сла́бый weak
сла́ва glory; то́лько сла́ва, что... it is only a pretense that... (*here*, сла́ва *retains the original meaning of* "*common talk*"); сла́ва Бо́гу thank God
сла́виться (сла́влюсь, сла́вишься) *imperf.* to be famed, to be famous
сла́вный renowned, famous, glorious
славяни́н (*plur.* славя́не) Slav
сла́дкий sweet
сла́достный sweet, delightful
слать (шлю, шлёшь) *imperf.* to send
след trail, track
сле́дствие investigation
слеза́ (*plur.* слёзы) tear
слёзный tearful
слепе́ц (*gen.* слепца́) blind man
слепо́й blind; сле́по blindly
слепота́ blindness
сли́шком *adv.* too, too much
сло́во word
сломи́ть (сломлю́, сло́мишь) *perf.* to break
слуга́ *m.* servant
слу́жба service
служи́тель attendant
служи́ть (служу́, слу́жишь) *imperf.* to serve
слух rumour
слу́чай case, occasion в слу́чае in case
случа́йно *adv.* by chance, by accident
слу́шать *imperf.* to listen, to hear
слыха́ть (*only past tense*) to hear
слы́шать *see* услы́шать
слы́шен *see* слы́шный
слы́шно (*impers. predic.*) one can hear, one hears

сли́шный audible; *short form* слы́шен, слышна́, слы́шно *predic.* (there) is heard, one can hear
слюби́ться (слюблю́сь, слю́бишься)/ слюбля́ться to become dear, to begin to please
слю́ни (*gen.* слюне́й) spittle
сме́лый bold
смени́ть/сменя́ть to supersede, to replace
смерть *f.* death
сметь *see* посме́ть
смех laughter
смешно́ *impers. predic.* it's funny, it is ridiculous, it makes one laugh
смея́ться (смею́сь, смеёшься) *imperf.* to laugh
сми́ловаться (сми́луюсь, сми́луешься) *perf.* (*arch.*) to have mercy, to take pity
смире́ние = смире́нье
смире́нный humble
смире́нье humility
смири́тель pacifier, calmer
смири́ть/смиря́ть to subdue, to restrain; to humble
смири́ться/смиря́ться to submit, to acquiesce
смо́лоду *adv.* (*coll.*) in (one's) youth, early in (one's) life
смотре́ть (смотрю́, смо́тришь) to look, to see смотре́ть за ке́м-нибудь to look after somebody, to watch somebody
смути́ть (смущу́, смути́шь)/смуща́ть to confuse, to embarrass
смути́ться (смущу́сь, смути́шься)/ смуща́ться to be (to become) confused, to be (to become) perturbed
смуще́ние confusion, embarrassment
смыка́ть *see* сомкну́ть
смяте́ние confusion, disarray; perturbation, turbulence, agitation
смяте́нье = смяте́ние
смять (сомну́, сомнёшь)/смина́ть to crumple, to crush, to overrun
сна *see* сон

снести (снесу, снесёшь)/сносить (сношу, сносишь) to suffer, to endure

снимать see снять

снискать (снищу, снищешь) perf. to gain, to get, to obtain

сниться (снится) imperf. to appear in a dream мне снилося I dreamed

снова adv. again

сношение dealings, intercourse

снять (сниму, снимешь)/снимать to take off

со see с

собирать see собрать

соблазн temptation

собор cathedral; hist. council, synod Великий Собор Grand Synod (of the Russian Orthodox Church); arch. собором all together, like one man

соборный adj. to собор

собрать (соберу, соберёшь)/собирать to gather, to collect

событие event

совестно impers. predic. it is embarrassing (мне) совестно I am ashamed, I am embarrassed

совесть f. conscience по совести honestly

совет council; counsel, advice

советник adviser, counsellor

советовать (советую, советуешь) to advise, to give advice

совсем adv. quite, entirely, altogether; at all

согласиться (соглашусь, согласишься)/соглашаться to agree

согласно adv. identically, unanimously

согнать (сгоню, сгонишь)/сгонять to turn out, to drive away, to evict

согрешить/согрешать to sin, to commit sin, to transgress

содействие support, cooperation

содрогнуться/содрогаться to shudder

соединить/соединять to unite, to combine

сожалеть imperf. to regret, to deplore

созвать (созову, созовёшь)/созывать to call together, to invite

сойти (сойду, сойдёшь)/сходить (схожу, сходишь) to come down (from); to leave сойти с ума to go out of one's mind

сойтись (сойдусь, сойдёшься)/сходиться (схожусь, сходишься) to get together, to meet, to come together, to gather

сократить (сокращу, сократишь)/сокращать to shorten, to abbreviate, to curtail, to reduce

сокрытый concealed

солнце sun

Соловецкий (sc. монастырь) Solovki monastery on the White Sea

сомкнуть/смыкать to close

сомневаться imperf. to doubt

сомненье doubt

сомнительный doubtful, equivocal, dubious

сон (gen. сна) sleep; dream

сонм arch. assembly, congregation, gathering

сообразить (соображу, сообразишь)/соображать to think out, to consider, to grasp (the meaning of something), to weigh (the pros and cons); to balance

соперник rival

сопроводить (сопровожу, сопроводишь)/сопровождать to accompany, to escort, to attend

сопровожденье escort в сопровожденьи escorted by

сорвать (сорву, сорвёшь)/срывать to tear down, to tear off

сослать (сошлю, сошлёшь)/ссылать to exile, to banish

составить (составлю, составишь)/составлять to put together, to compose, to form, to make up

сосуд vessel

сотворить/сотворять to create; arch. to make, to perform сотворить молитву to say a prayer

сохранить/сохранять to preserve

сочинить/сочинять to compose, to write, to make up

сошёл, сошла past tense of сойти

союз union, alliance

спас, спасла past tense of спасти

спасать see спасти

спасаться see спастись

спасение = спасенье

спасённый past passive participle of спасти

спасенье rescue; eccl. salvation

спасибо thanks, thank you

спаситель rescuer, saviour; eccl. the Saviour

спасти (спасу, спасёшь)/спасать to save

спастись (спасусь, спасёшься)/спасаться to save oneself

спать (сплю, спишь) imperf. to sleep

сперва adv. (at) first

спереться (сопрусь, сопрёшься)/спираться arch. & coll. to crowd, to come crowding, to come in a crowd

сперлася past tense of спереться

спесивиться (спесивлюсь, спесивишься) imperf. to put on airs, to be arrogant, to be haughty

спесь f. arrogance, haughtiness

спешить imperf. to hasten, to hurry

спит see спать

сподобить (сподоблю, сподобишь)/сподоблять arch. to consider worthy (of), to honor

спокоен short form of спокойный

спокойный quiet, peaceful, calm

спокойствие calmness, composure

спорить imperf. to argue, to quibble

справиться (справлюсь, справишься)/справляться to find out, to ask about, to check

справка inquiry

спросить (спрошу, спросишь)/спрашивать to ask

спрятаться (спрячусь, спрячешься)

perf. to hide

спящий present active participle of спать

сравнять/равнять to compare; to consider equal

сражаться see сразиться

сражение battle

сраженье = сражение

сразиться (сражусь, сразишься)/сражаться to fight, to join battle

среди among, amidst

средний medium

средство means

срок time

сряду adv. running, in a row

ставка headquarters

стан camp

становиться see стать

стану, станешь see стать

старец (gen. старца) elder, a worthy old man; a monk

старик old man

старина olden times; по старине as in the days of old

старинный old, ancient

старость f. old age на старость лет in (my) old age

старуха old woman

старый old

стать (стану, станешь)/становиться (становлюсь, становишься) to get, to grow, to become мне страшно становилось I became afraid; to begin, to start не станем ждать let's not wait

стена wall

степь f. steppe

стих verse

стоить imperf. to cost, to be worth; стоит только (w. infinitive) one must only, one only has to

стократ adv. (arch.) a hundred times

стол table

столбовая дорога high road, highway

столь (adv.) so much, to such extent, thusly о столь великом деле about so great an undertaking

172

стольник *hist.* steward, seneschal
стопа́ foot
сто́рож watch, watchman, guard
сторожево́й *adj. to* сто́рож
сторона́ side; land, place, country
чужа́я сторона́ foreign country
сторо́нка *dim. of* сторона́
стоя́ть (стою́, стои́шь) *imperf.* to
stand я за э́то не стою́ I don't
vouch for it
страда́лец (*gen.* страда́льца) suf-
ferer; *arch.* sick person, invalid
страда́ть *imperf.* to suffer
стра́жа guard, watch
стра́нный strange
страсть *f.* passion
страх fear
страх *adv.* terribly, very
страши́ть *imperf.* to frighten
стра́шно (*impers. predic.*) it is terrible мне стра́шно I am afraid
стра́шный terrible
стреле́ц (*gen.* стрельца́) *hist.* strelitz,
musketeer
стремгла́в (*adv.*) headlong
стро́гость *f.* strictness, severity
строка́ line
струя́ stream
стул chair
ступе́нь *f.* step, footstep
ступи́ть (ступлю́, сту́пишь)/сту-
па́ть to step; ступа́йте вон get
out! ступа́й! go!
стуча́ть (стучу́, стучи́шь) *imperf.*
to knock, to rap, to bang, to tap
стыд shame
стыди́ться (стыжу́сь, стыди́шься)
imperf. to be ashamed
стыдли́вость *f.* modesty
сты́дно (*impers. pred.*) it is a shame
мне сты́дно I am ashamed
сты́нуть *imperf.* to get cold, to cool
off
суд court; justice, judgment
суди́ть (сужу́, су́дишь) *imperf.* to
judge; *arch & poet.* to predestine,
to predetermine; обо мне как
су́дят? what do they think of me?

судия́ (*now* судья́) judge
судьба́ fate
суеве́рный superstitious
суета́ vanity
Су́здаль Suzdal (an ancient city in
Muscovy)
су́кины де́ти *vulg.* you sons of a
bitch
сули́ть *imperf.* to promise
супоста́т *arch. & poet.* enemy, op-
ponent, antagonist
супру́га spouse, (lawful) wife
су́щий *present active participle of*
быть; *adj.* downright
схвати́ть (схвачу́, схва́тишь)/хва-
та́ть to seize, to grab, to catch
схва́тка skirmish, clash
схи́ма *eccl.* schema (monastic habit)
сходи́ть *see* сойти́
сча́стие = сча́стье
счастли́вый fortunate, happy
сча́стье happiness
сы́знова (*adv.*) *coll.* anew, afresh
сын son
сы́не (*incorrect*) *vocative of* сын
сыны́ *arch. nom. plur. of* сын (*now*
сыновья́)
сыска́ть (сыщу́, сы́щешь) *perf.* to
find
сы́тый well-fed, satisfied
сюда́ here

таи́ть *imperf.* to conceal
таи́ться *imperf.* to be hidden, to be
concealed
та́йна secret; secrecy
та́йный secret, hidden, concealed;
unwitting
так so, thus; so much; so it is, indeed
не так ли? isn't it so? и так even
so
та́кже also
тако́в, такова́, таково́ *pron.* such
кто я тако́в? who am I?
тако́й *pron.* such; что тако́е? what's
the matter? кто он тако́й? who
is he? тако́й же similar, the same
там there

танцева́ть (танцу́ю, танцу́ешь) *imperf.* to dance
тата́рин Tatar
тафья́ skullcap
твёрдость *f.* firmness
твёрдый firm
твори́ть *imperf.* to do; to make
те́ло body; corpse
темне́ть *imperf.* to darken
тёмный dark, obscure
тень *f.* shadow
тепе́рь now
тёплый warm
терпе́нье patience
терпе́ть (терплю́, те́рпишь) *imperf.* to suffer, to endure, to stand
терпи́мость *f.* tolerance
теря́ться *imperf.* to be lost, to be wasted, to vanish
тесни́ть *imperf.* to squeeze, to press, to constrain
те́сный cramped, tight, narrow
те́шиться *imperf.* to enjoy oneself, to amuse oneself
тече́нье course, run, flow
ти́хий quiet, peaceful
тихо́нько *coll.* quietly
ти́ше *comp.* of ти́хий, ти́хо
тле́ние decay, decomposition
-то (*particle*) just, precisely, exactly (*often to be left untranslated*)
това́рищ companion, friend, comrade, mate
тогда́ then
ток flow, stream
толк sense; use от них то́лько и то́лку... all they are good for is...
то́лки *plur.* talk, rumours
толкова́ть (толку́ю, толку́ешь) *imperf.* to discuss, to talk about, to argue about что толкова́ть? what's the use talking about it?
толпа́ crowd
то́лстый fat, stout
то́лько only; scarcely да и то́лько that's what it is, that's all there is to it; и то́лько-то? is that all?

томи́ться (томлю́сь, томи́шься) *imperf.* to languish
топи́ть (топлю́, то́пишь) *imperf.* to drown
топо́р axe
торг haggle, haggling, bargaining; *arch.* business, commerce
торже́ственный solemn
торжество́ triumph
тоска́ yearning, nostalgia, anguish
тоскова́ть (тоску́ю, тоску́ешь) *imperf.* to pine (for), to long (for)
тот, та, то *dem. pron.* this, that
тот же, та же, то же the same; к тому́ ж(е) moreover
то-то (*particle*) aha
тотча́с (*now* то́тчас) *adv.* immediately
то́чно *coll.* really
то́чный exact
тошни́ть *imperf. impers.* (меня́) тошни́т I feel sick, I feel nauseated; it is sickening
трава́ grass
трапе́за *arch. & poet.* table
тре́бовать *see* потре́бовать
трево́га alarm, disturbance, anxiety
трево́жить *imperf.* to bother, to trouble, to worry
тре́звый sober
трём *dat.* of три
тре́пет trembling, trepidation, quivering
трепета́ть (трепещу́, трепе́щешь) *imperf.* to tremble
тре́тий third
треть *f.* one third
трёх *gen.* of три
три *num.* three
три́дцать *num.* thirty
трина́дцать *num.* thirteen
тро́е *num.* three
трон throne
тро́нный *adj.* to трон
тропи́нка path, trail, track
труби́ть (трублю́, труби́шь) *imperf.* to blow the trumpet

труд labor; work
трудный difficult
трудолюбивый industrious, assiduous
труп corpse, (dead) body
трус coward
туда there
тужить (тужу, тужишь) *imperf.* to grieve
тут *here*
тушить *see* потушить
тщеславный vain
тщетный vain, futile
тысяча *num.* thousand
тьма darkness
тьма multitude, thousands
тюрьма prison
тягаться *imperf.* to compete, to rival
тяжело *impers. predic.* it is hard, it hurts
тяжёлый heavy
тяжкий heavy

у *prep.* at
убежать (убегу, убежишь)/убегать to run away, to make off
убиенный *arch. past passive participle of* убить (*now* убитый)
убийца murderer, killer
убираться *see* убраться
убитый *past passive participle of* убить
убить (убью, убьёшь)/убивать to kill
убраться (уберусь, уберёшься)/убираться *coll.* to clear out, to beat it, to scram
увенчать/увенчивать to crown, *past passive participle* увенчанный
увенчаться/увенчиваться *passive of* увенчать/увенчивать
уверен *past passive participle (short form) of* уверить; уверены ль мы? are we sure?
уверить/уверять to persuade, to convince

увещанье entreaty
увидеть (увижу, увидишь) *perf.* to see; to meet (somebody)
угадать/угадывать to guess (right), to divine
угла *see* угол
уговорить/уговаривать to persuade
угода *in the expression* в угоду (*w. dative*) to please (somebody)
угодник holy man, saint
угодно *predic.* it pleases угодно ли (тебе) would you care, would you like
угол (*gen.* угла) corner; part of a room
уголок (*gen.* уголка) *dim. of* угол
уголь (*gen.* угля) coal
угостить (угощу, угостишь)/угощать to entertain (friends), to treat (friends)
угрожать *imperf.* to threaten
угроза threat
угрюмый gloomy, somber
удалец (*gen.* удальца) daredevil
удалиться/удаляться to withdraw, to retire, to leave
ударить/ударять to strike
удаться (удастся)/удаваться (удаётся) to turn out well, to be a success; *impers.* нам не удастся we won't succeed, we won't manage
удел *hist.* appanage
удержать (удержу, удержишь)/удерживать to hold back, to restrain, to suppress
удружить *perf. (coll.)* to do (somebody) a favor, to ingratiate oneself
уединённый solitary, secluded; lonely, retired
уехать (уеду, уедешь)/уезжать to leave, to depart, to ride off
уж *see* уже; *particle* indeed, really
ужас terror, horror
ужасный terrible; abominable
уже already
ужели (*arch. for* неужели) really? is it possible?

ужёль = ужёли

ýжин supper

ужó *vulg.* (*another form of* ужé already) *used as a threat meaning* the day will come, you will pay for it yet

узда́ bridle

узна́ть/узнава́ть (узнаю́, узнаёшь) to learn; to recognize

узо́р pattern, figure, tracery

узре́ть (узрю́, узри́шь) *perf.* to see

уйти́ (уйду́, уйдёшь)/уходи́ть (ухожу́, ухо́дишь) to leave, to go away; to evade, to escape

ука́з decree, edict, order

указа́ть (укажу́, ука́жешь)/ука́зывать to indicate, to point out, to point a finger (at something or somebody)

укло́нчивый evasive, elusive, shifty

укра́денный *past passive participle of* укра́сть

украи́нец (*gen.* украи́нца) *now* украи́нец Ukrainian

укра́сть (украду́, украдёшь)/ красть (краду́, крадёшь) to steal

укры́ться (укро́юсь, укро́ешься)/ укрыва́ться to hide, to conceal oneself, to abscond oneself

улы́бка smile

ум mind, intellect, wit

умён *short form of* у́мный

умере́ть (умру́, умрёшь)/умира́ть to die

уме́ть *imperf.* to know (how to), to be able (to)

умили́ть (умилю́, умили́шь)/умиля́ть to touch, to move, to soften (somebody's heart)

умира́ть *see* умере́ть

у́мный clever

умо́лкнуть/умолка́ть to become silent, to lapse into silence, to cease (of a rumour)

умоля́ть *imperf.* to beg, to beseech

умру́ *see* умере́ть

умудри́ть/умудря́ть to teach, to make wise, to give the gift of

унести́ (унесу́, унесёшь)/уноси́ть (уношу́, уно́сишь) to carry off

унижа́ться *see* уни́зиться

унизáть (унижу́, уни́жешь)/уни́зывать to cover

уни́зиться (уни́жусь, уни́зишься)/ унижа́ться to abase oneself, to grovel, to humiliate oneself

уничто́жить/уничтожа́ть to destroy, to do away with

уноси́ть *see* унести́

уныва́ть *imperf.* to lose heart

упа́л, упа́ла *past tense of* упа́сть

упа́сть (упаду́, упадёшь) *perf.* to fall

упо́рный stubborn

упра́ва reign, rule; justice

упра́виться (упра́влюсь, упра́вишься)/управля́ться (*coll. for* спра́виться) to cope with, to manage, to take care of

управля́ть *imperf.* to rule, to govern

упрёк reproach, blame, censure

упрекну́ть/упрека́ть to reproach, to blame

упра́миться *imperf.* to be obstinate, to be stubborn, to persist

упра́мый obstinate, stubborn

упусти́ть (упущу́, упу́стишь)/ упуска́ть to let go, to let escape, to let slip (away)

уразуме́ть *perf.* to understand, to comprehend

усе́рдие zeal

усе́рдный zealous, assiduous, eager

ускори́ть/ускоря́ть to hasten, to expedite

усла́ть (ушлю́, ушлёшь)/усыла́ть to send (away), to send down

услы́шать (услы́шу, услы́шишь)/ слы́шать (слы́шу, слы́шишь) to hear

усмири́ть/усмиря́ть to pacify; to put down, to suppress

усо́вестить (усо́вещу, усо́вестишь)/ усо́вещивать to appeal to somebody's conscience успе́ть/успева́ть to have time (enough)

успе́х success

успокое́нье soothing, calming; peace, tranquility

успоко́ить/успока́ивать to calm, to pacify; to soothe, to reassure

уста́ (gen. уст) arch. & poet. mouth

уста́в rules, regulations, canons

уста́лый tired

устоя́ть (устою́, устои́шь) perf. to stand one's ground, to stand up, to resist не устои́шь you couldn't fight this, you aren't equal to this (task)

устраши́ть/устраша́ть to frighten

устро́ить/устра́ивать to arrange, to establish

уступи́ть (уступлю́, усту́пишь)/ уступа́ть to yield, to give way

усынови́ть (усыновлю́, усыно́вишь)/усыновля́ть to adopt, to take the place of a father

усыпи́ть (усыплю́, усыпи́шь)/усыпля́ть to lull to sleep

усыплённый past passive participle of усыпи́ть

утёк, утекла́ past tense of уте́чь

уте́ха joy, delight

уте́чь (утеку́, утечёшь)/утека́ть to run away, to escape

уте́шить/утеша́ть to console, to comfort, to give consolation

уте́шиться/утеша́ться to console oneself, to take comfort

утоли́ть/утоля́ть to satisfy, to appease (hunger); to slake, to quench (thirst)

утопа́ть imperf. to be drowned in, to be immersed in, to roll in, to wallow in

утра́тить (утра́чу, утра́тишь)/утра́чивать to lose

у́тро morning

ух interj. ugh!

у́хо (plur. у́ши) ear

уходи́ть see уйти́

уцеле́ть perf. to survive

у́часть f. fate

уче́нье studies, learning

учи́ться (учу́сь, у́чишься) imperf. to study, to learn, to acquire knowledge

ушёл, ушла́ past tense of уйти́

у́ши plur. of у́хо

февра́ль February

Фео́дор Feodor (Theodore)

фонта́н fountain

ха́ртия arch. parchment, manuscript

хвала́ praise

хвали́ться (хвалю́сь, хва́лишься) imperf. to boast

хва́стать imperf. to boast, to brag

хва́статься imperf. to boast

хвасту́н braggart

хвата́ть see схвати́ть

хитри́ть imperf. to dodge, to hedge

хи́трый shrewd

хлад (arch. & poet. for хо́лод) cold

хла́дный (arch. for холо́дный) cold

хлеб bread

хлеб-соль bread and salt; hospitality

хлы́нуть perf. to gush (out), to stream

ход course, run, procedure

ходи́ть (хожу́, хо́дишь) imperf. to go, to walk; ходи́ть за (w. instr.) to attend, to nurse (a sick person)

хозя́ин host

хозя́йка hostess; proprietress, mistress

хозя́юшка dim. of хозя́йка

холо́дный cold; cool

холо́п hist. serf, bondman

Холо́пий see Прика́з Холо́пий

холо́пья plur. of холо́п

хору́гвь (f.) eccl. gonfalon

хоте́ть (хочу́, хо́чешь) imperf. to want

хоте́ться (хо́чется) imperf. impers. to want, to like (personal construction) хоте́лось мне I wanted

хоть conj. though, even, even if

хоть *adv.* at least, though only
хоть (*particle*) for instance, (let's)
  say
хочу́ *see* хоте́ть
хра́брый brave, valiant, gallant
хра́мина *arch.* chamber, hall, room
храни́тель protector
храни́ть *imperf.* to preserve, to save
христиа́нин (*plur.* христиа́не)
  Christian
христиа́нский Christian
Христо́с (*gen.* Христа́) Christ
  Христа́ ра́ди for Christ's sake
ху́до *adv.* poorly, badly
ху́же *comp. of* ху́до

царе́вич czarevitch
царе́вна czarevna
царедво́рец (*gen.* царедво́рца) courtier
цареуби́йца *m.* regicide
цари́ца czarina
ца́рский *adj. to* царь
ца́рственный regal
ца́рство kingdom, realm
ца́рствовать (ца́рствую, ца́рству-
  ешь) *imperf.* to reign, to rule
царь czar
цвести́ (цвету́, цвете́шь) *imperf.*
  to bloom, to flourish
цвето́к (*gen.* цветка́, *plur.* цветы́)
  flower
цветы́ *plur. of* цвето́к
целе́бный health-giving, healing
целова́ть (целу́ю, целу́ешь) *imperf.*
  to kiss
це́лый whole, entire, all
церко́вный *adj. to* це́рковь
це́рковь (*gen.* це́ркви) f. church

ча́до *arch. & poet.* child, offspring
ча́рка cup
ча́рочка *dim. of* ча́рка
час hour; сей же час immediately
  час о́т часу (with) every hour в
  вече́рний час in the evening
часо́вня chapel
ча́сто *adv.* often
ча́ша cup

чва́нство swagger, bragging, boast-
  ing
чело́ *arch. & poet.* brow бить чело́м
  see бить
челове́к man
чем *conj.* than
че́рез *prep.* across, through; within,
  after
чернѐц monk
чернори́зец (*gen.* чернори́зца) monk
чернь *f.* rabble, mob
черта́ line; trait
чертѐж draught, sketch; drawing,
  plan
черти́ть (черчу́, че́ртишь) *imperf.* to
  draw
черто́г *arch. & poet.* chamber, hall,
  palace
честно́й = че́стный
че́стный (*and arch.* честны́й, *see
  also* честно́й) honest; *arch.* rev-
  erend, honourable
честь *f.* honour
чета́ couple, pair не нам чета́ no
  match for us, nothing for us to
  get involved in, none of our concern
четвёртый *num.* fourth
чин rank, grade; *hist.* statute,
  ordinance разря́дный чин table
  of ranks (in pre-Petrovian Russia)
чистота́ purity
чи́стый pure
чита́ть *imperf.* to read
чи́тывать *iterative form of* чита́ть
чорт devil чорт с ни́ми the devil take
  them
чте́ние reading
что (*interrogative pronoun*) what
  что за what kind of; why; (*relative pronoun*) that, which; (*indefinite pronoun*) something; что
  же? so what? что Годуно́в?
  what's Godunov doing? что сде́-
  лалось тако́е? what has happened?
  да что и говори́ть what's the use
  (to deny it) что тако́е? what is it?
что *conj.* that

что *adv.* like ; **что день, то казнь** not a day without an execution

чтоб(ы) *conj.* that, so that

что-то *see* **кто-то**

чу ! *interj.* hark !

чувство feeling ; sense

чувствовать (**чувствую, чувствуешь**) *imperf.* to feel

чудеса *plur. of* **чудо**

чудесный miraculous, marvellous

чудиться (**чудится**) *imperf.* to appear (as in a dream) **мне чудится** I dream of

чудно (*impers. predic.*) it is odd, it is amazing, it is miraculous

чудный wondrous, miraculous ; strange

чудо (*plur.* **чудеса**) miracle

чудовский *adj. to* **Чудов монастырь**

чудотворец (*gen.* **чудотворца**) miracle worker

чудотворство the working of miracles, thaumaturgy

чужбина foreign land

чуждый *arch. for* **чужой**

чужой strange, alien, foreign

чуть-чуть *adv.* almost, nearly

шапка hat, cap

шататься *imperf.* (*coll.*) to roam, to wander (about), to vagabond

шевельнуться/шевелиться to stir, to move

шёл, шла *past tense of* **идти**

шептаться (**шепчусь, шепчешься**) *imperf.* to whisper

шестой *num.* sixth

шинкарочка (*arch. & dial.*) *dim. of* **шинкарка** *f.* tavern keeper, innkeeper

шипеть (**шиплю, шипишь**) *imperf.* to hiss

широкий broad

шла, шло, шли *see* **шёл**

шлю, шлёшь *see* **слать**

шляхтич a Polish nobleman, member of the szlachta (country gentry)

шопот whisper

шорох rustle

шум noise

шуметь (**шумлю, шумишь**) *imperf.* to resound

шумный noisy

шутить (**шучу, шутишь**) to joke

шутка joke

щадить *see* **пощадить**

щедрота generosity, liberality ; **щедроты** (*plur.*) bounties

щека cheek

щёлкнуть/щёлкать to click, to crack, to snap

щенок (*gen.* **щенка**) whelp

эдакий *vulg.* = **этакий**

эй *interj.* halloo, I say, look here

этакий *coll.* such, what a

этот, эта, это *pron.* this

юность *f.* youth

юноша youth

юный youthful

юродивый (*noun*) God's fool

Юрьев день St. George's day **вот тебе бабушка, и Юрьев день** *coll.* here's a fine how d'ye do ; *also see note* (*hh*)

яблоко apple

яблоня appletree

явить (**явлю, явишь**)/**являть** to show

явиться (**явлюсь, явишься**)/**являться** to appear

явный manifest, obvious ; **явная казнь** public execution

яд poison

язва sore, ulcer ; pest ; *arch.* wound

язвить (**язвлю, язвишь**) *imperf.* to lacerate, to rend ; to sting

язык language, tongue ; *arch.* tribe, nation

языцы *arch. nom. plur. of* **язык**

яко *arch. for* **как** like, as

яркий bright

ярус tier

ярый violent

ясный clear

In this BCP series over sixty Russian Texts are available or in production, all with English introduction and notes. These include:

Pushkin: The Bronze Horseman, T. Little
Pushkin: Eugene Onegin, A. Briggs & F. Sobotka
Pushkin: Little Tragedies, V. Terras
Pushkin: The Queen of Spades, J. Forsyth
Pushkin: Tales of the Late Ivan Petrovich Belkin, A. Briggs

In Critical Studies series:

Pushkin's The Queen of Spades, N. Cornwell
Pushkin's The Bronze Horseman, A. Kahn
Pushkin's Eugene Onegin, D. Pursglove & S. Dalton-Brown

With Translation:

Pushkin: Selected Verse, J. Fennell